워크북 01

치매예방을 위한 뇌훈련

실버인지놀이

(주)한국실버교육협회

머리말

고령화 사회로의 진입은 치매 등 각종 노인과 관련된 과제들을 양산하고 있다. 노년기에는 은퇴, 경제상황의 변화, 사회적 지위 변화, 신체적 노화, 가족관계의 변화, 질병 등 다양한 변화를 경험하게 된다. 이러한 변화를 수용하고 잘 적응하여 행복한 노년기를 보내는 것은 현대사회 모든 노인들의 소망이며, 이를 위한 노력은 우리가 고령화 사회를 대비하는 가장 기본적인 자세일 것이다.

알려진 바와 같이 치매는 안정되고 행복한 노년기를 보내는데 가장 방해가 되는 가장 큰 원인 중의 하나이다. 치매는 자신의 생활태도나 의지와 상관없이 걸리는 병이고, 불치의 병이라 생각하고 치료를 포기하기 쉽지만 치매도 노력에 의해 예방하거나 치료할 수 있다. 음식이나 운동뿐만 아니라 뇌를 자극하는 습관도 치매의 예방과 치료에 많은 도움이 됨이 많은 연구에서 확인되고 있지만, 주위에서 손쉽게 접할 수 있고 흥미 있는 노인용 뇌 자극, 뇌 훈련 전문 교재가 많지 않은 실정이다.

이에 이 교재는 노인들의 뇌를 자극하고 인지능력을 향상시켜 치매를 예방·치료하기 위한 목적으로 개발되었다. 집중력, 지남력, 기억력, 시공간력, 판단력 등의 영역에서 초급, 중급, 고급 단계로 나누어 체계적인 훈련이 가능하도록 하였고, 다양하고 창의적인 방식의 활동과 그림, 단어, 회상용 소재들을 선택하여 적용하여 노인의 흥미를 높이고자 하였다.

이 교재의 개발 및 보급이 치매예방뿐만 아니라 노인 한 분 한 분의 건강하고 즐거운 하루하루, 나아가 행복한 노년기를 보내시는데 기여하기를 희망하며..

저자 윤소영

목차

워크북 01

치매예방을 위한 뇌훈련

실버인지놀이

실버인지놀이

초급

★☆☆

물에 비친 틀린 그림 찾기

★☆☆

집중력, 시공간력

남녀 두 분이 강에서 즐겁게 배를 타고 있네요. 강에 비친 풍경중 이상한 점을 찾아 아래 그림쪽에 ○표해주세요. 풍경과 다른 점이 [   ] 개 있습니다.

같은 음으로 시작하는 글자 찾기

★☆☆ 언어능력

왼쪽 보기의 그림과 같은 음으로 시작하는 단어를 오른쪽 그림에서 찾아서 ○표해주세요.

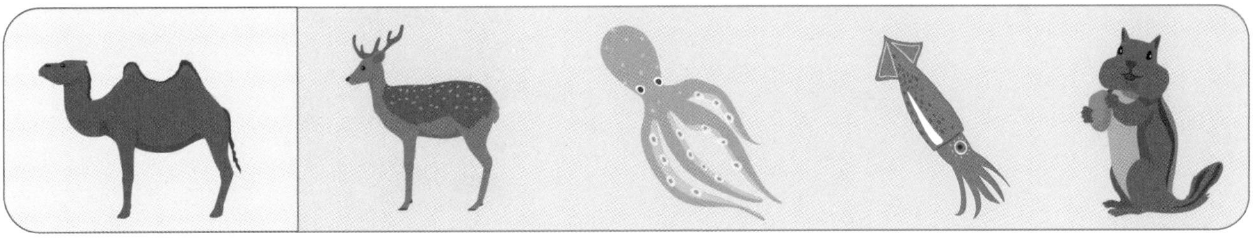

위에 나온 단어의 이름을 하나하나 전부 말하는데 얼마나 걸리는지 시간을 재어보세요.

(　　　　　) 초

가운데 들어갈 색깔 찾기

★☆☆ 시공간력

1. 도형의 가운데 부분이 잘려져 있네요. 가운데에 들어갈 알맞은 도형을 찾아 ○해보세요.

2. 무슨 색으로 이루어진 그림인지 사용된 색깔을 적어보세요.

12간지

★☆☆
지남력, 기억력

1. 다음 열두 띠 동물 중에서 나의 띠에 해당하는 동물을 찾아 ○표 해보세요.
2. 가족, 친구들의 띠를 생각해보고 해당 띠동물 아래에 이름을 적어보세요.

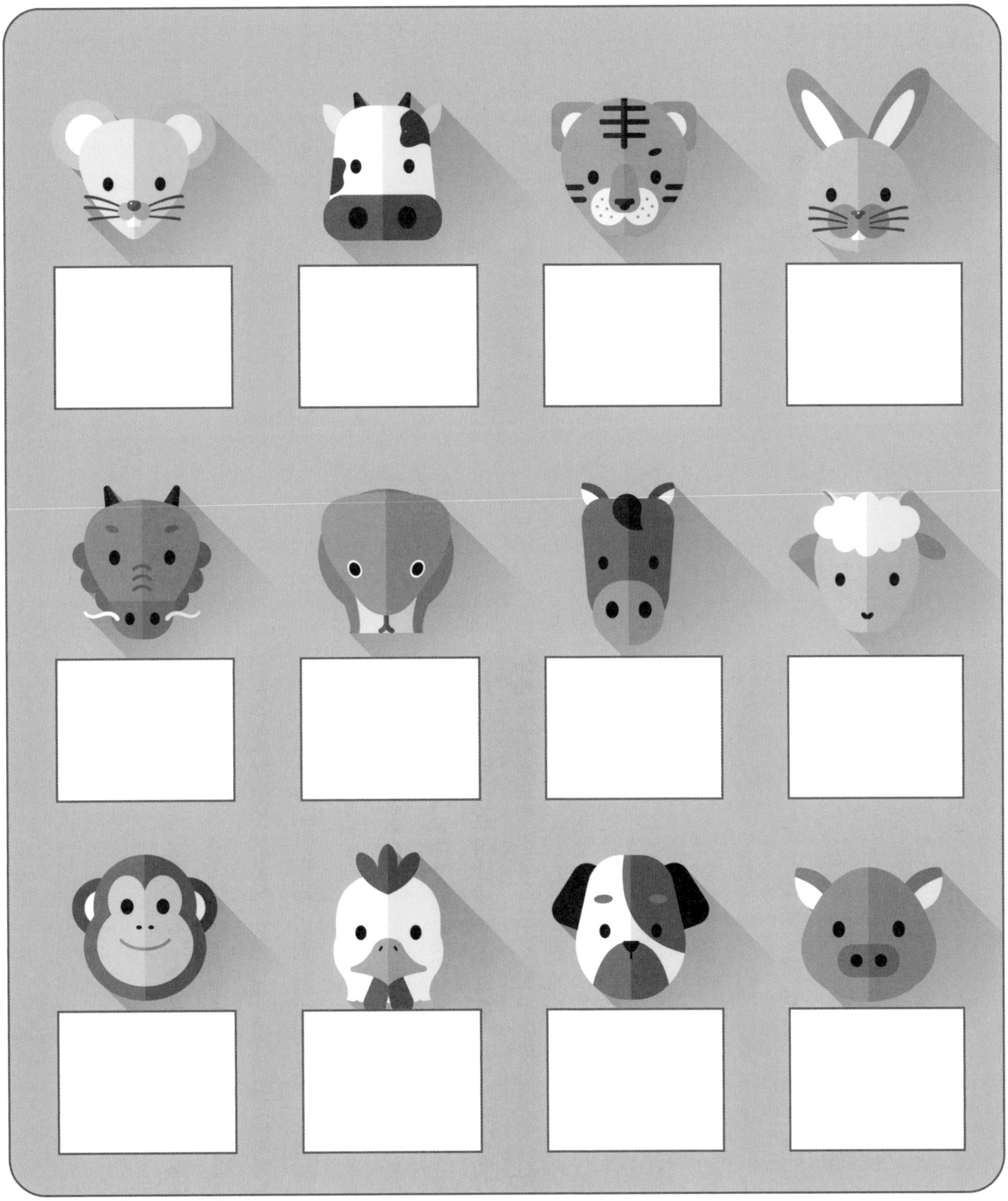

다른 그림 찾기

★☆☆
집중력

1. 선반에 똑같은 컵이 정리되어 있어요. 전체 컵 중에서 한 개의 컵은 다른 모양을 하고 있어요. 찾아서 ○표해주세요.
2. 컵은 모두 몇 개인가요? ______ 개

그림자 찾기

★☆☆ 시공간력

왼쪽 그림과 같은 그림자를 오른쪽에서 찾아 번호에 ○표해주세요.

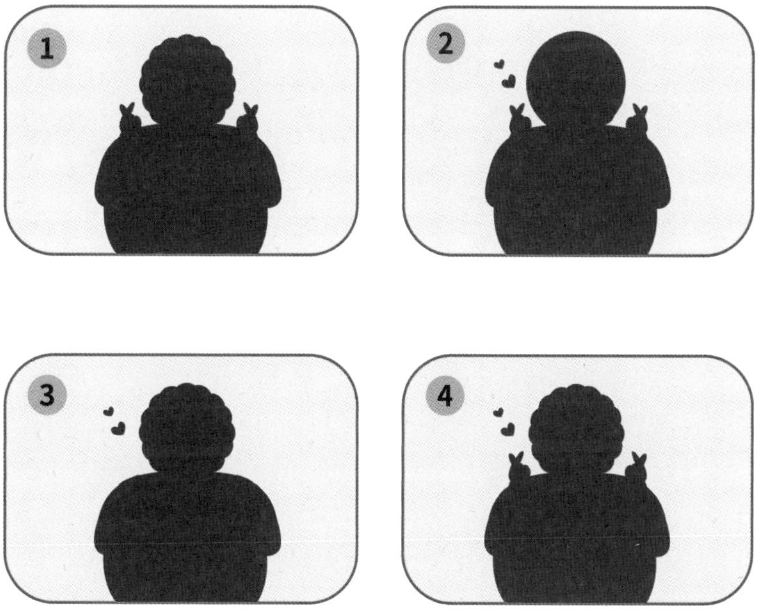

달라진 그림 찾기

★☆☆ 집중력

1. 위의 그림과 아래 그림 중에서 달라진 그림이 다섯 군데 있습니다. 찾아서 아래의 그림에 ○표해보세요.

2. 자신이 좋아하는 음식에 별표 해보세요.(5개)

단어 완성하기

★☆☆ 언어능력

그림을 보고 빈 칸에 들어갈 글자를 채워 넣어서 단어를 완성해주세요.

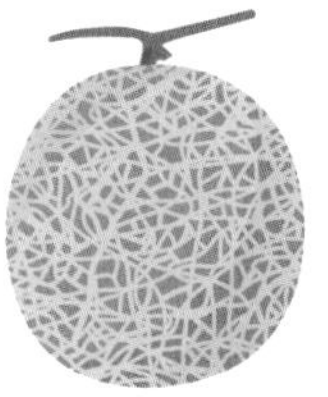

멜	

컴		터

	화

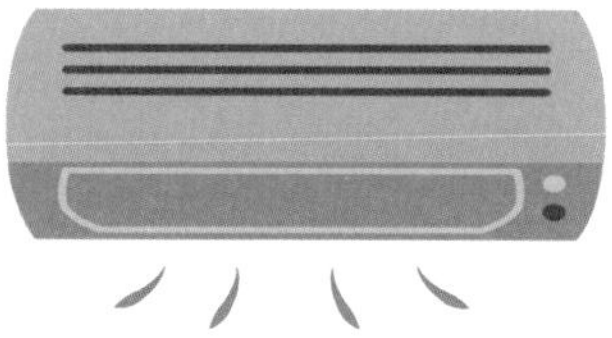

에		컨

메	

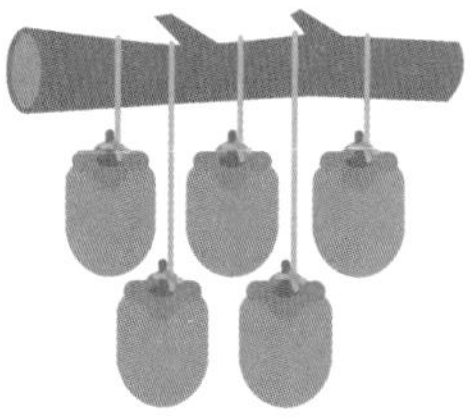

곶	

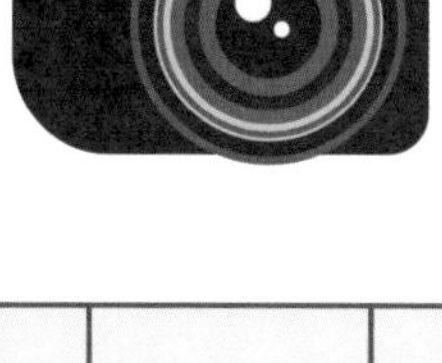

카		

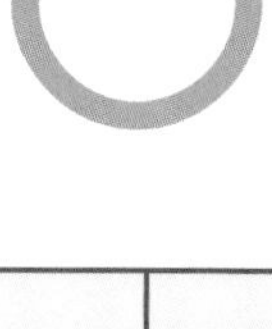

	지

사	

최근 기억 떠올리기

★☆☆ 기억력, 지남력

1. 최근의 기억을 5가지씩 떠올려 적어보세요.
2. 적은 내용 중 가장 인상 깊었던 일을 떠올려 이야기를 들려주세요.

최근에 본 TV 프로그램

최근 만난 사람 이름

최근 먹은 음식

최근 간 곳

다른 부분 찾기

★☆☆
집중력

1. 위의 그림과 아래의 그림 중 서로 다른 부분을 찾아 아래 그림에 ○표 하세요.

2. 다른 부분은 총 몇 개 있을까요? [   ] 개

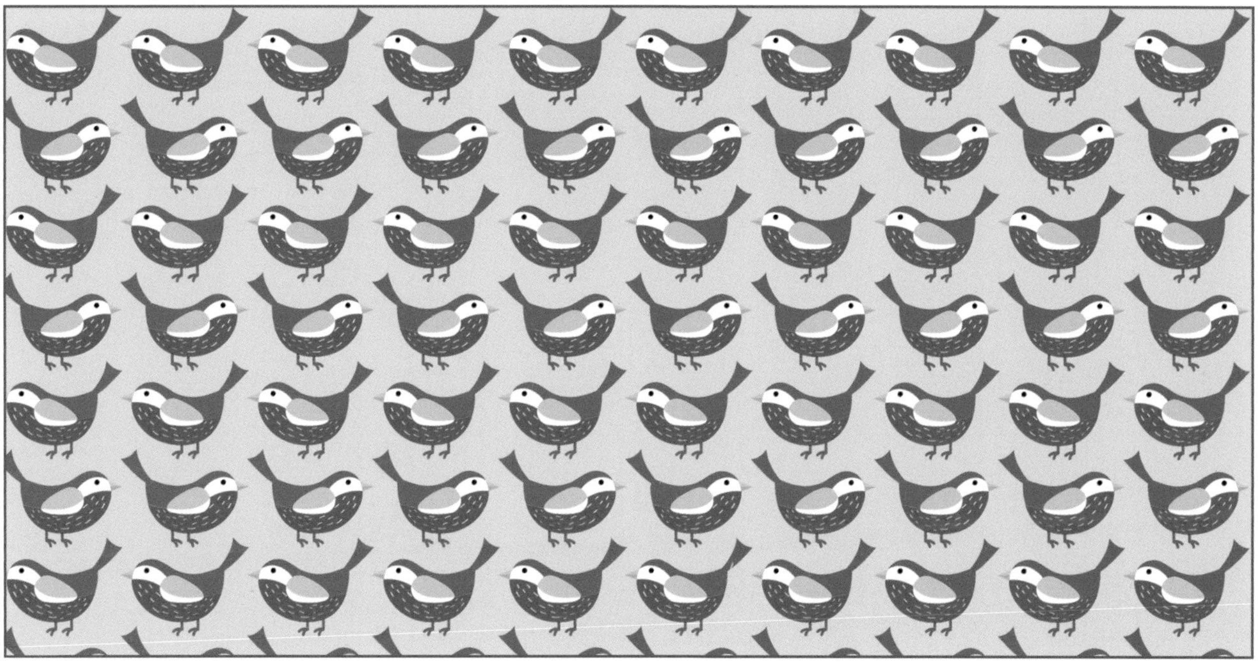

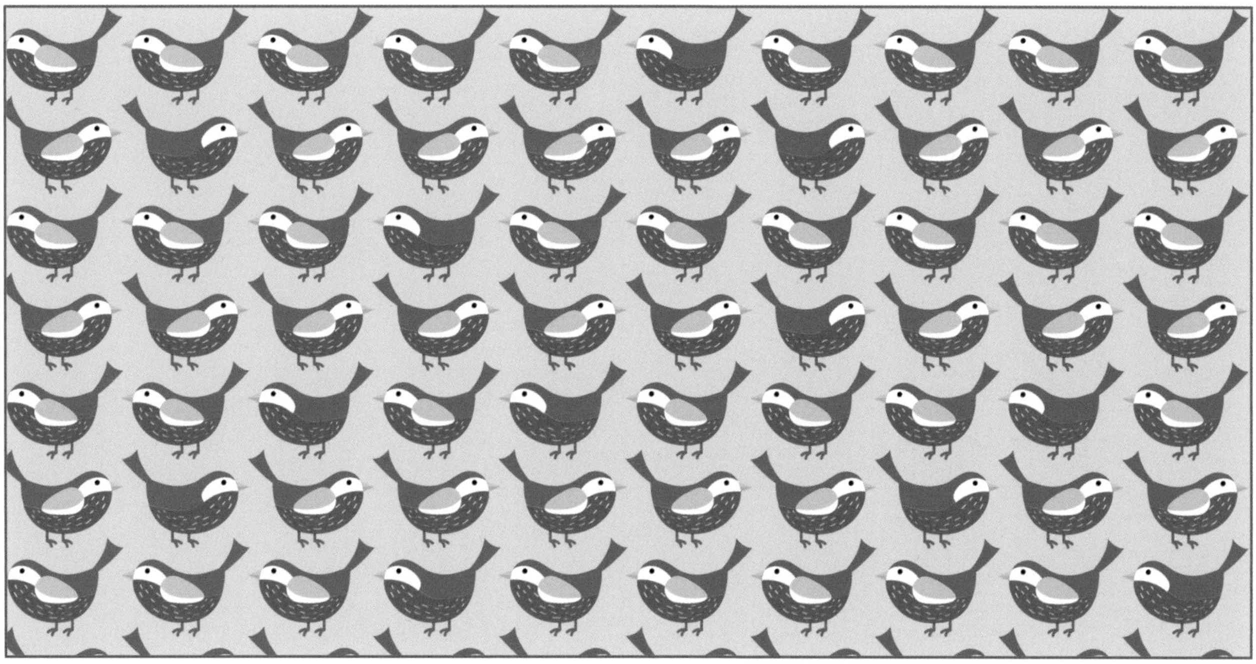

선 연결하기

★☆☆ 시공간력

왼쪽의 그림과 같은 그림이 되도록 오른쪽 네모안에 있는 선을 연결해 주세요.

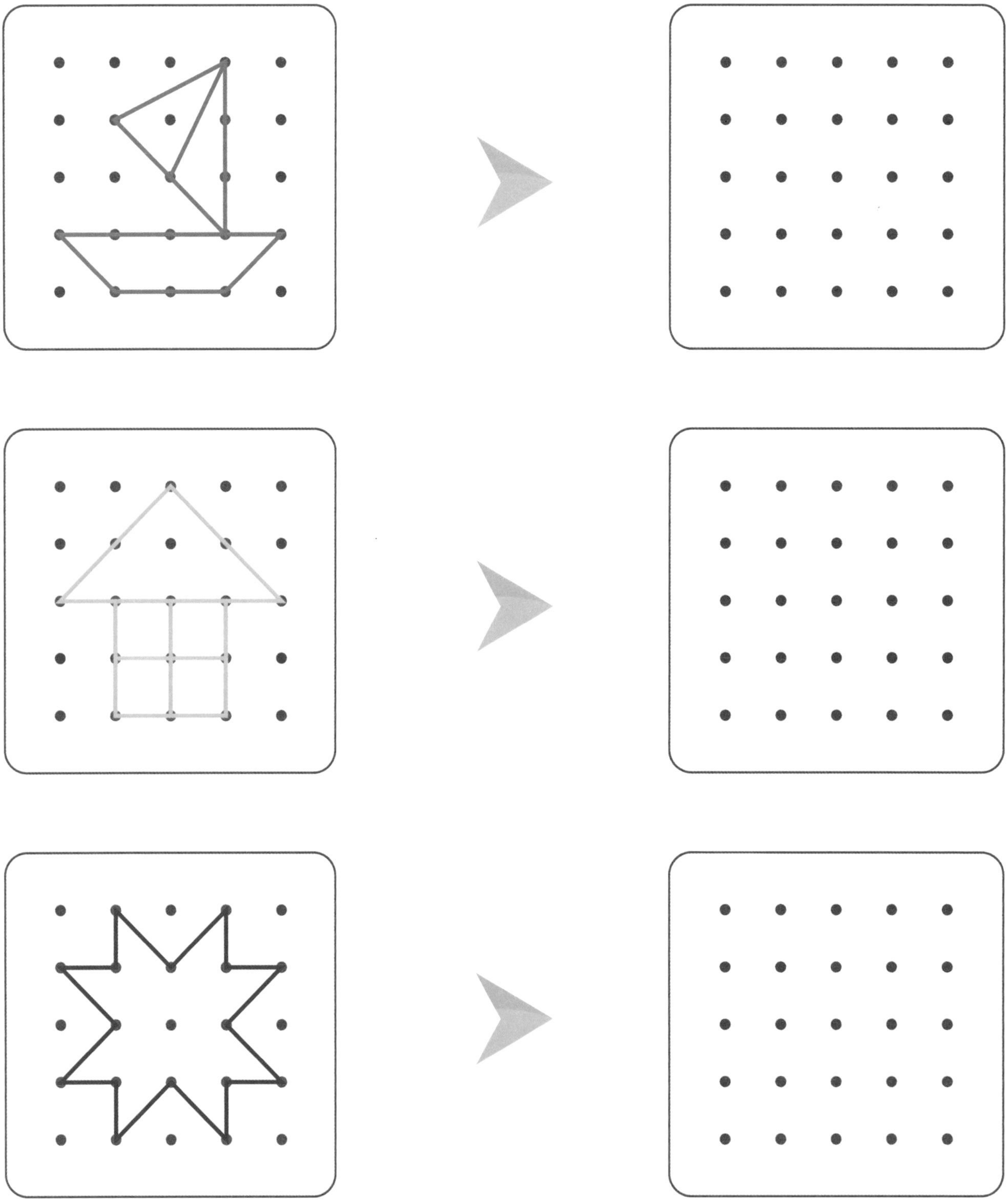

펼친 모양 찾기

★☆☆
판단력

색종이를 접어서 위와 같이 자른 후 펼쳤을 때 어떤 모양이 될지 아래 색종이에서 찾아서 네모안에 ○표해주세요.

1)

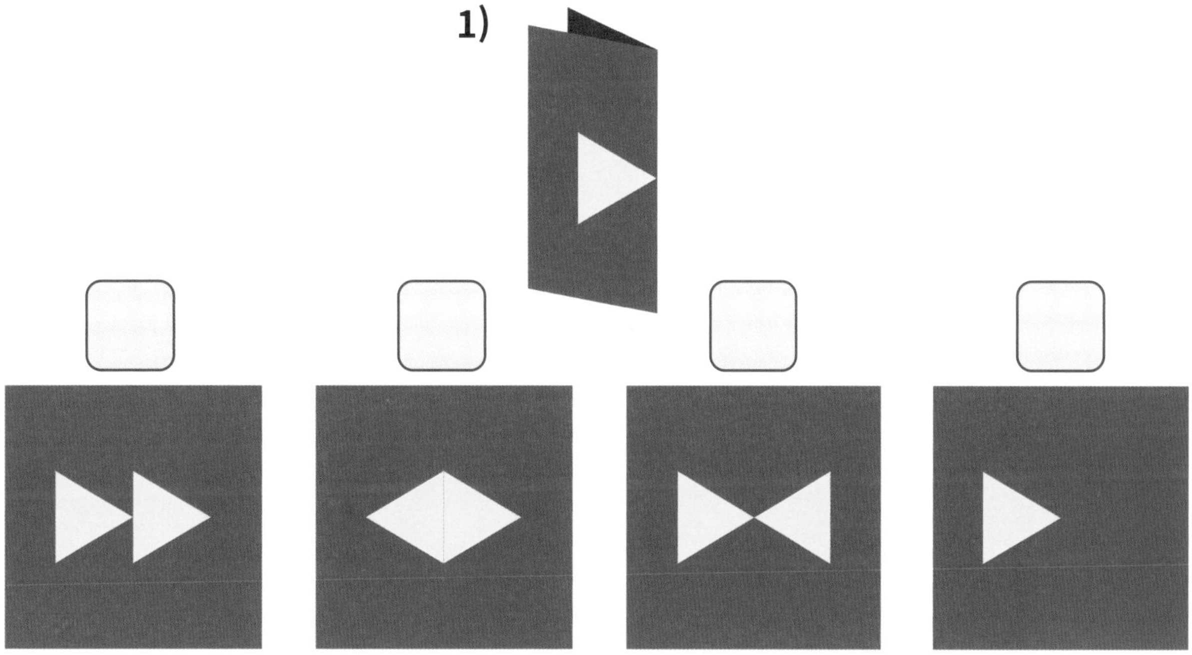

2)

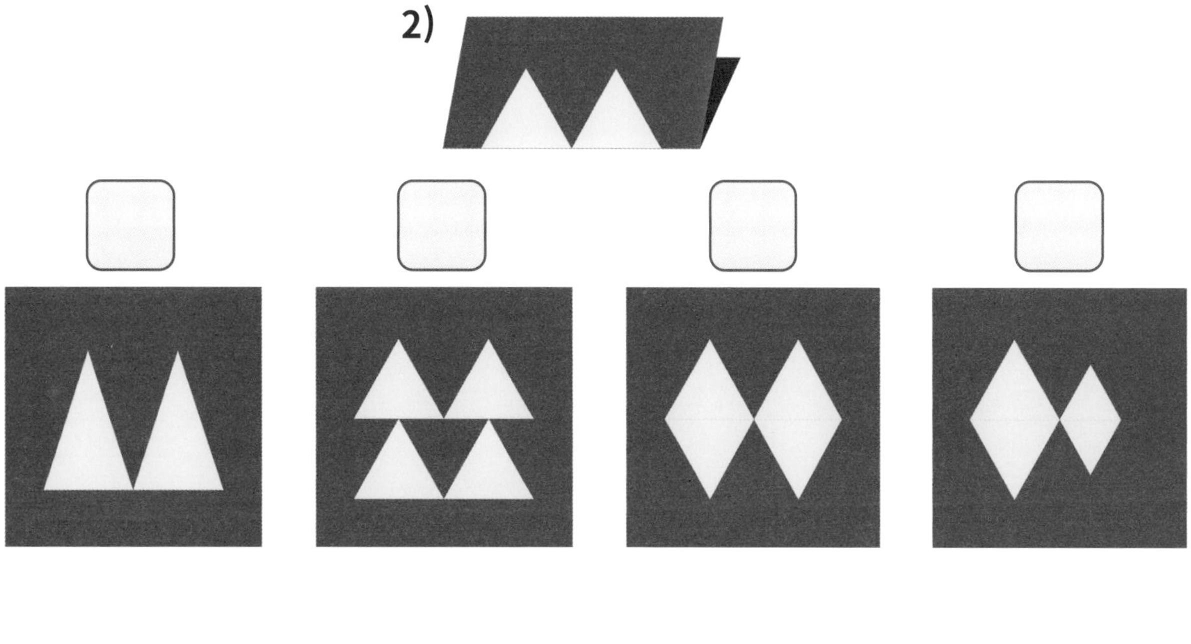

미로 찾기

★☆☆ 집중력

출발지부터 도착지까지 나올 수 있는 길을 찾아 선으로 연결해 보세요.

다른 시간 찾기

★☆☆ 지남력

1. 다른 시계와 다른 시간을 가리키고 있는 시계가 하나 있습니다. 찾아보세요.

2. 3개의 시계는 몇 시를 가리키고 있습니까?

3. 나머지 하나의 시계는 몇 시를 가리키고 있습니까?

4. 세 개의 시간이 가리키는 시간에 오늘 무엇을 하였습니까?

①

②

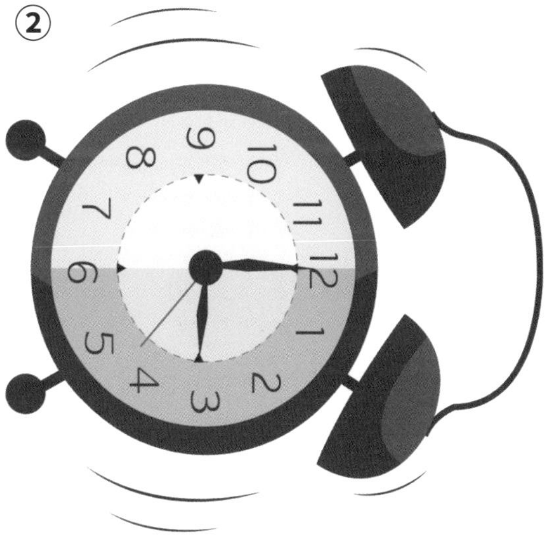

③

④

같은 색끼리 연결하기 ★☆☆ 집중력

왼쪽 단추와 오른쪽 성냥개비를 보고 같은 색으로 구성된 것끼리 선으로 연결해 보세요.

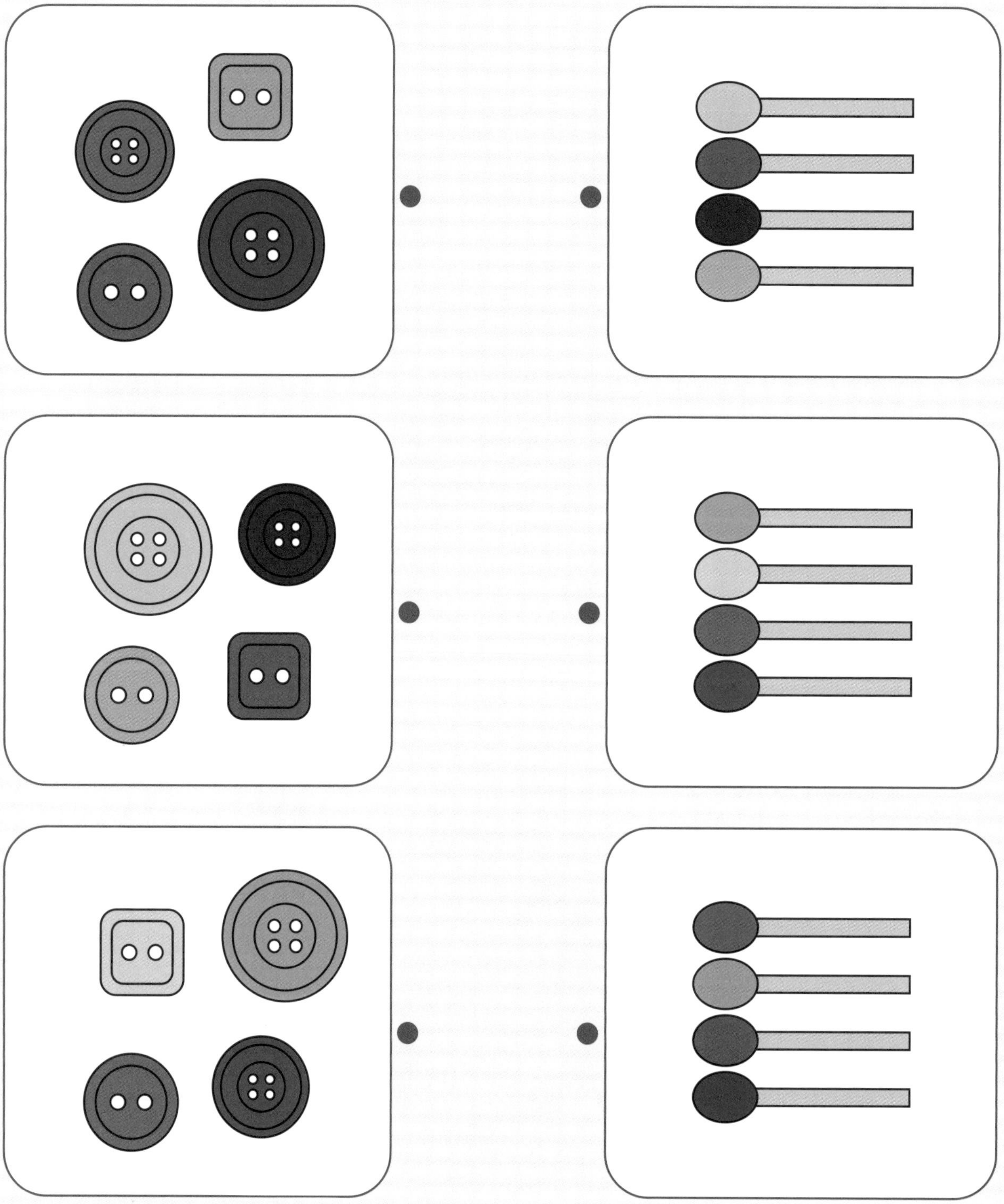

숫자 찾기

★☆☆ 수리능력

1. 1부터 25까지의 숫자를 몇 분 안에 찾을 수 있는지 시간을 재어보세요. 분 초
2. 홀수 숫자만 순서대로 세모 표시하면서 찾아 보세요.

8	18	13	5	16
20	22	24	1	11
6	14	7	17	3
25	2	21	9	15
10	19	12	23	4

색칠하기

★☆☆ 집중력

1. 아래 그림은 무엇을 하고 있는 그림인가요?

2. 좋아하는 색깔로 색칠하고 놀이에 얽힌 추억을 이야기 나누어 보세요.

실버인지놀이

중급

★★☆

겹친 그림자 찾기

★★☆ 시공간력

1. 왼쪽의 그림자가 되려면 오른쪽에서 어떤 것들이 필요한지 오른쪽 그림에서 두개씩 찾아서 ◯표해주세요.
2. 오른쪽 그림을 보고 사물의 이름을 적어보세요.

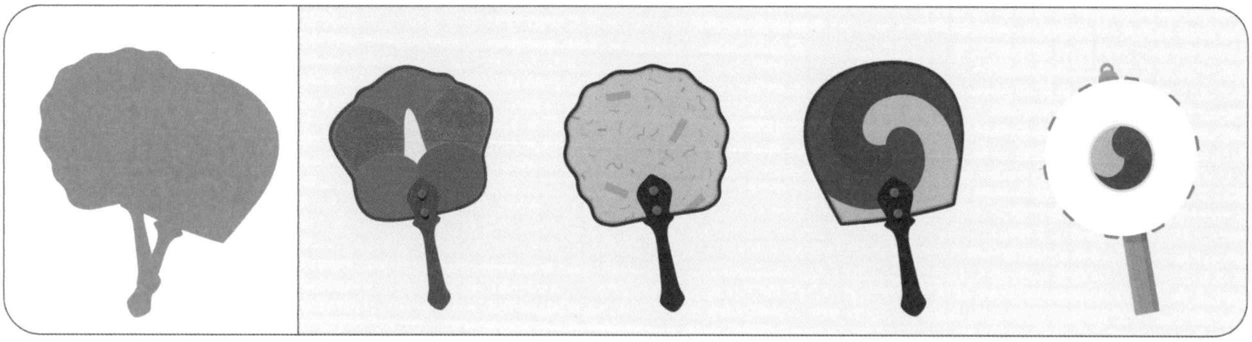

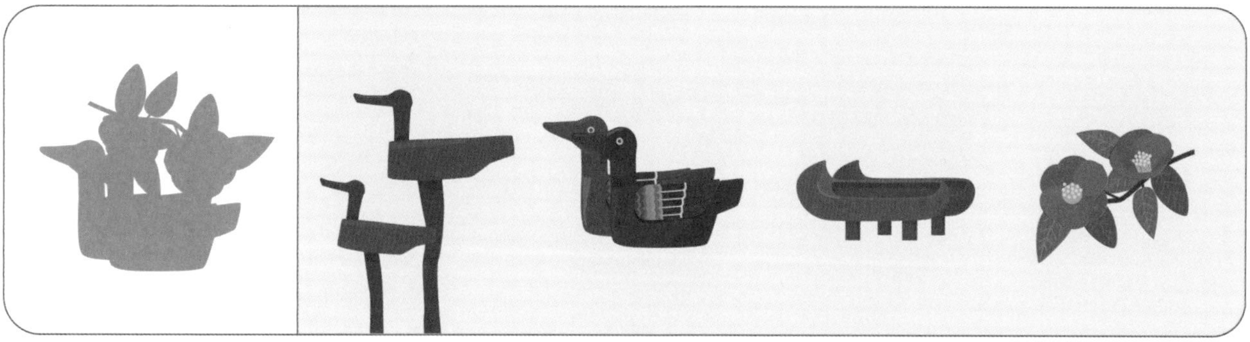

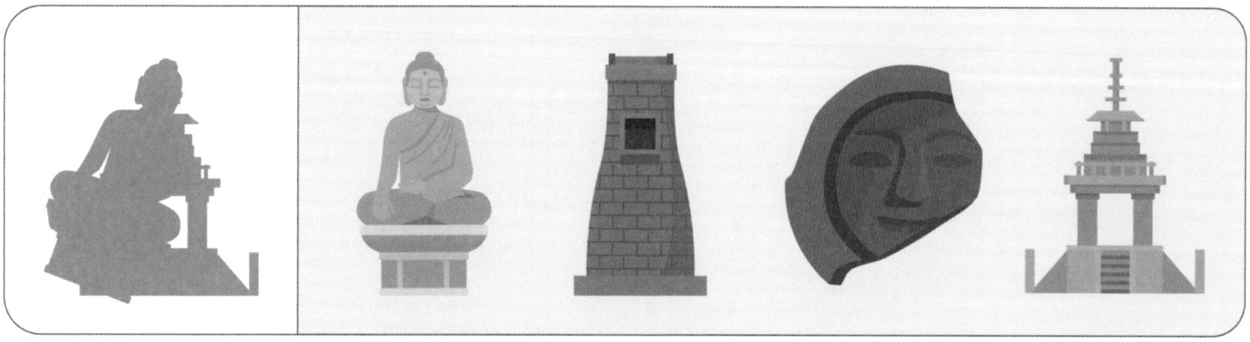

같은 음 찾기

★★☆
언어능력

네모 안에 그림을 보고 단어의 두 번째 글자가 "자"로 끝나는 그림을 찾아 모두 ○표해 주세요.

모두 몇 개 인가요? ______ **개**

신기한 복주머니

★★☆ 계산력

사탕을 넣으면 사탕 개수가 늘어나거나 줄어드는 복주머니가 있습니다.
문제를 보고 복주머니를 통과한 사탕의 개수를 계산해 보고, 네모 칸에 사탕 개수만큼 색칠해주세요.

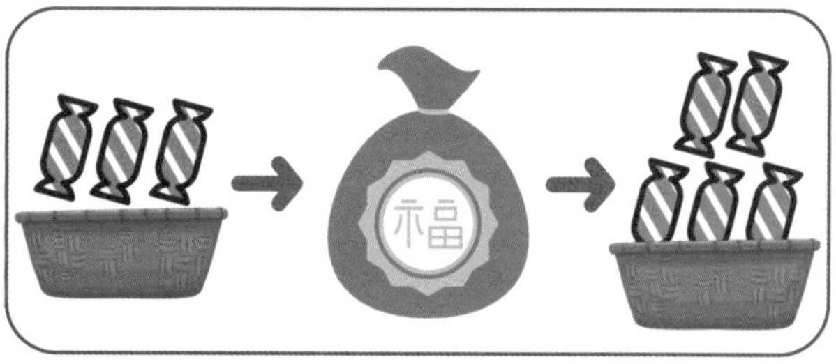

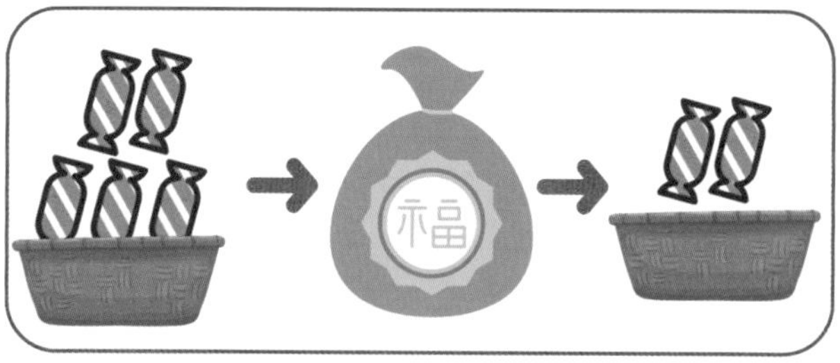

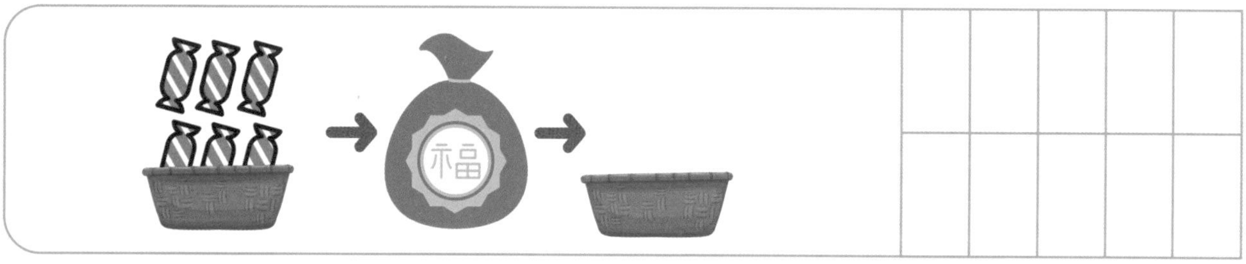

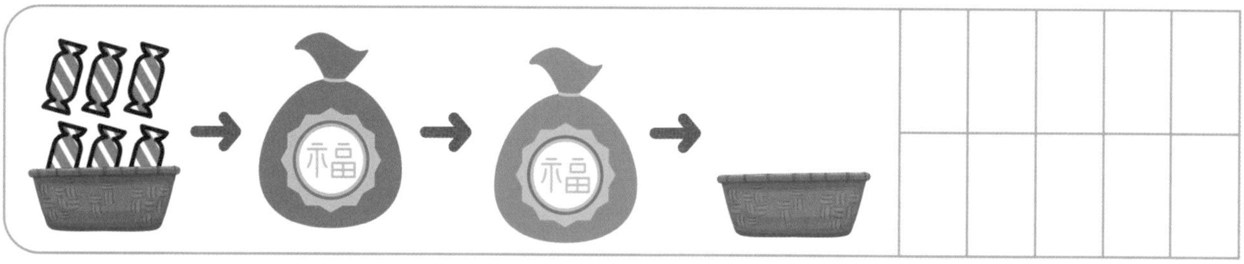

갈은 그림 기억하기

★★☆ 기억력

1. 그림을 보고 이름을 그림 아래에 적어 주세요.
2. 그림을 20초 동안 보고, 다음 페이지를 넘겨주세요.

같은 그림 기억하기

★★☆ 기억력

앞의 페이지에 있던 음식과 같은 그림은 몇 번일까요?

①

②

③

④

숫자 칸 색칠하기

★★☆ 집중력

1~7번까지는 고유한 색이 있습니다.
아래 그림에 있는 칸의 숫자를 보고 숫자에 해당하는 색을 칠해주세요.

1	2	3	4	5	6	7

								2	2	2	2	2	2	2								
							6	2	2	2	2	2	2	2	6							
						6	6	2	2	2	2	2	2	2	6	6						
					6	6	6	2	2	2	2	2	2	2	6	6	6					
						6	6	2	2	2	2	2	2	2	6	6						
							7	7	7	7	7	7	7	7	7	7	7	7	7	7		
					3	1	1	1	3	4	5	6	2	1	1	1	4					
				3	1			1	3	4	5	6	2	1			1	4				
			3	1				1	3	4	5	6	2	1				1	4			
		3	1					1	3	4	5	6	2	1					1	4		
	5							1	3	4	5	6	2	1							5	
5	4							1	3	4	5	6	2	1							4	5
4	5							1	3	4	5	6	2	1							5	4
5	4							1	3	4	5	6	2	1							4	5
	5							1	3	4	5	6	2	1							5	
		4						1	3	4	5	6	2	1						3		
		1	4					1	3	4	5	6	2	1					3	1		
			1	4				1	3	4	5	6	2	1				3	1			
				1	4			1	3	4	5	6	2	1			3	1				
						4	3	1	3	4	5	6	2	1	3	3						
							3	1	3	4	5	6	2	1	3							

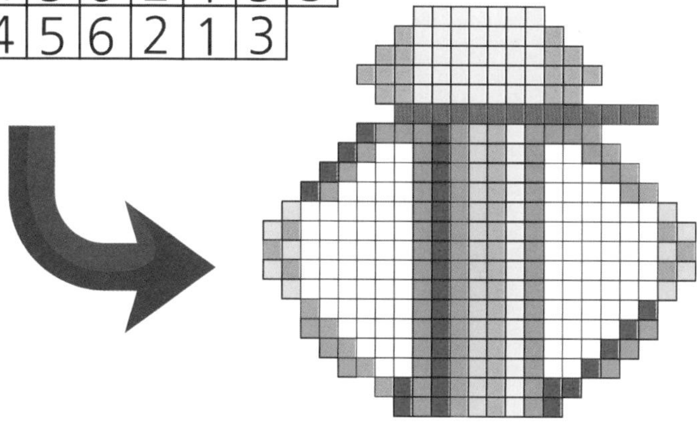

사진과 같은 얼굴 찾기

★★☆ 판단력

안경 쓴 남자의 사진이 찢어져 버렸네요. 사진을 붙이면 어떤 얼굴이 될지 찾아서 ○표해 보세요.

갈은 팽이 찾기

★★☆
집중력

네모안에는 보기의 팽이와 같은 팽이가 3개 있습니다. 찾아서 ○표해주세요.

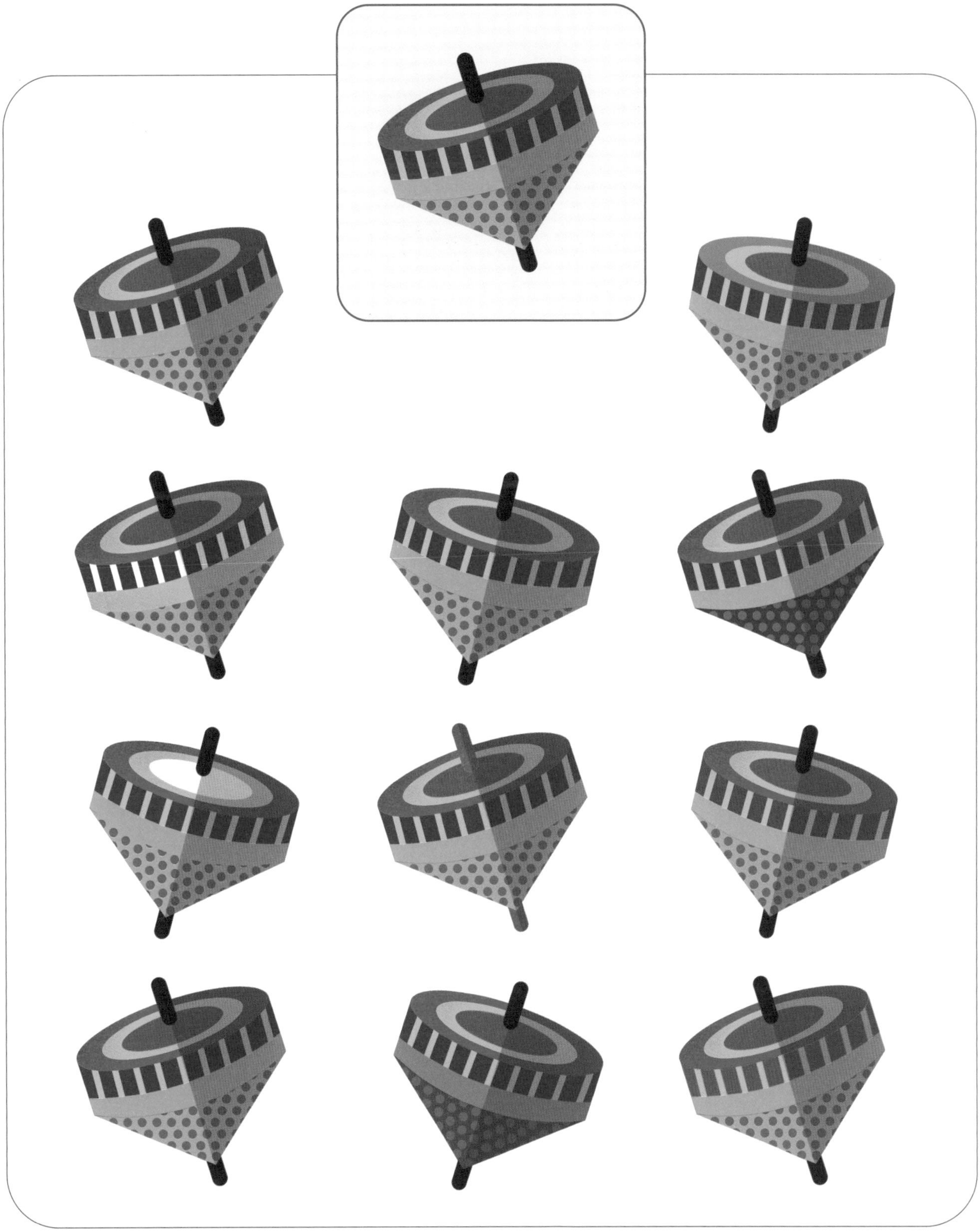

숫자 연결하기

★★☆ 수리능력

1. 1부터 순서대로 숫자를 선으로 연결해보세요.

2. 어떤 그림이 되나요?

3. 마지막에 끝난 숫자는 얼마인지 써보세요.

관련있는 것끼리 연결하기

★★☆ 판단력

왼쪽 그림과 연관 있는 그림을 오른쪽 그림에서 찾아 선으로 연결하세요.

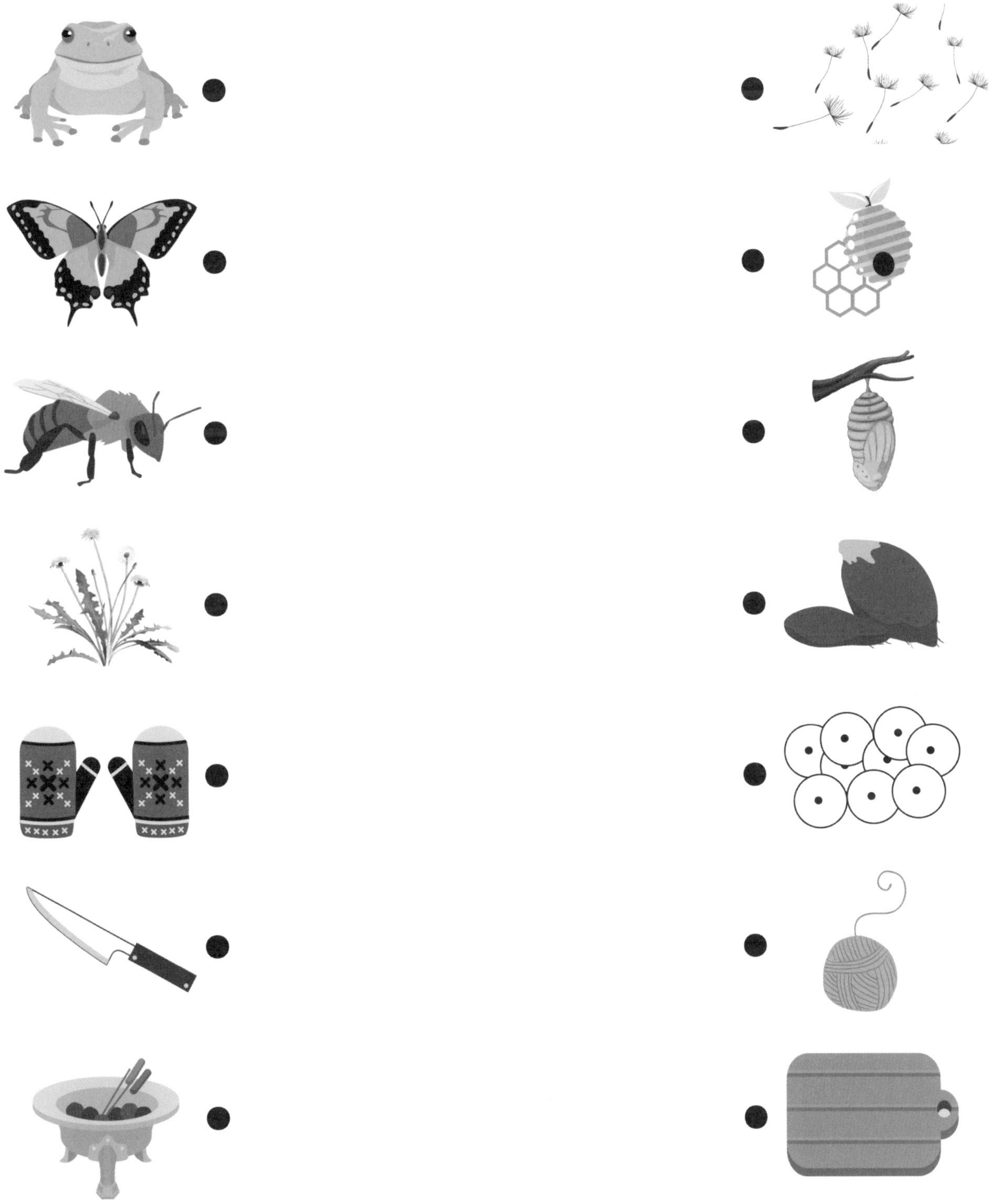

같은 옷과 신발 찾기

★★☆
집중력

네모안에는 소녀가 입고 있는 옷과 같은 옷과 신발이 한 가지 있어요. 찾아 ○표해주세요.

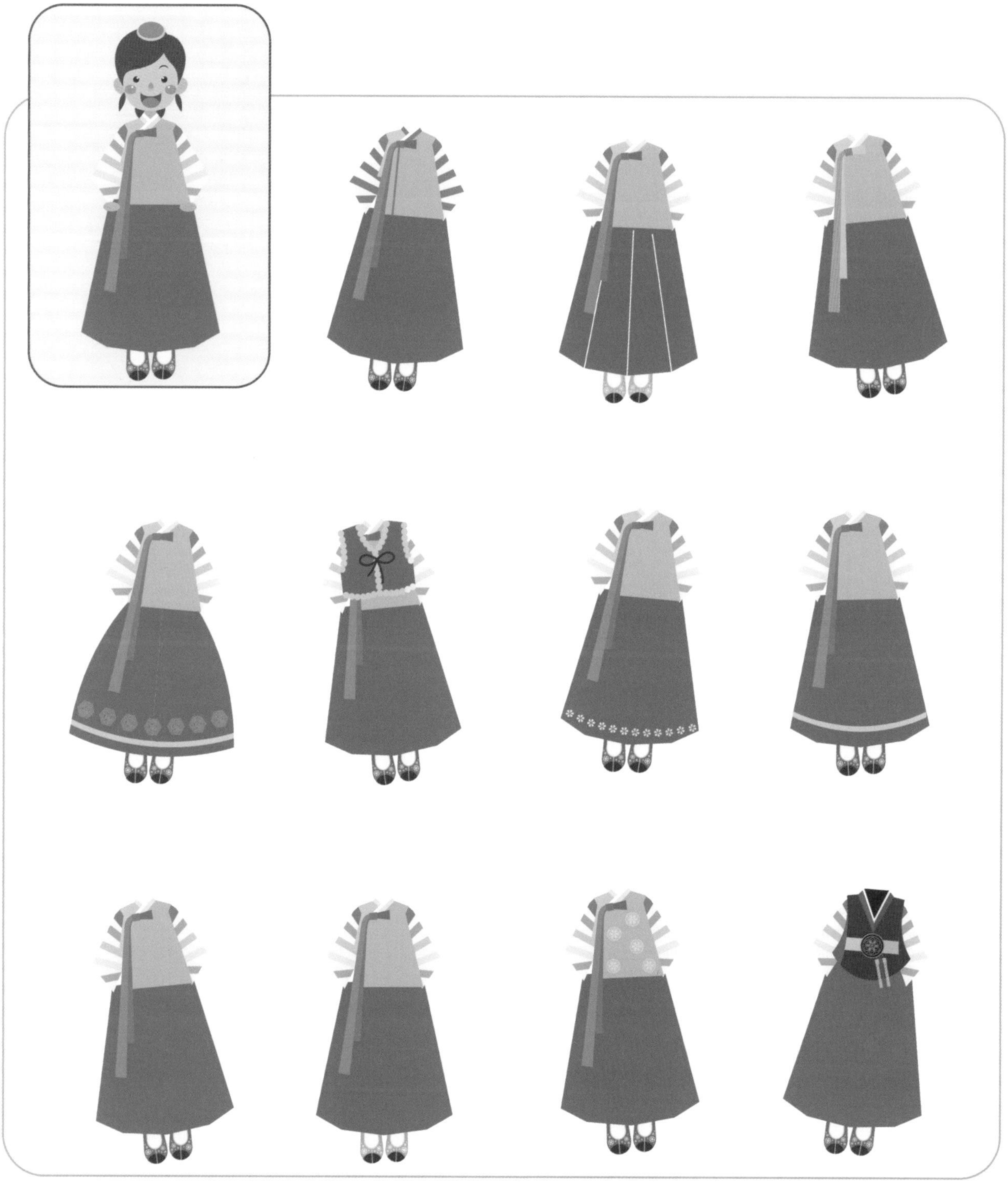

그림 끝말잇기

★★☆ 언어능력

끝말잇기를 했을 때 ○와 □에 들어갈 알맞은 그림을 아래 네모 그림 중에서 찾아 동그라미와 네모를 해보세요.

보름달 ○ 이불 불꽃 □ 발가락

우산 산딸기 기둥 ○ 지붕 □

축구공 ○ 책상 상어 □ 항아리

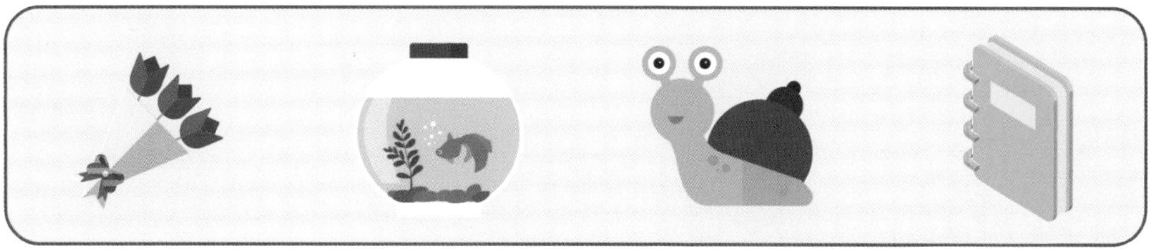

빠진 부분 채워 그리기

★★☆ 시공간력

1. 완성된 자전거 그림을 보고 빠진 부분을 채워 그려 넣어주세요.
2. 자전거와 관련된 추억의 이야기가 있으면 이야기 나누어 주세요.

선 따라가기

★★☆

집중력

배 위에서 즐겁게 낚시를 하고 있어요. 누가 어떤 색 물고기를 잡았는지 낚시 줄을 연결하여 찾아보세요.

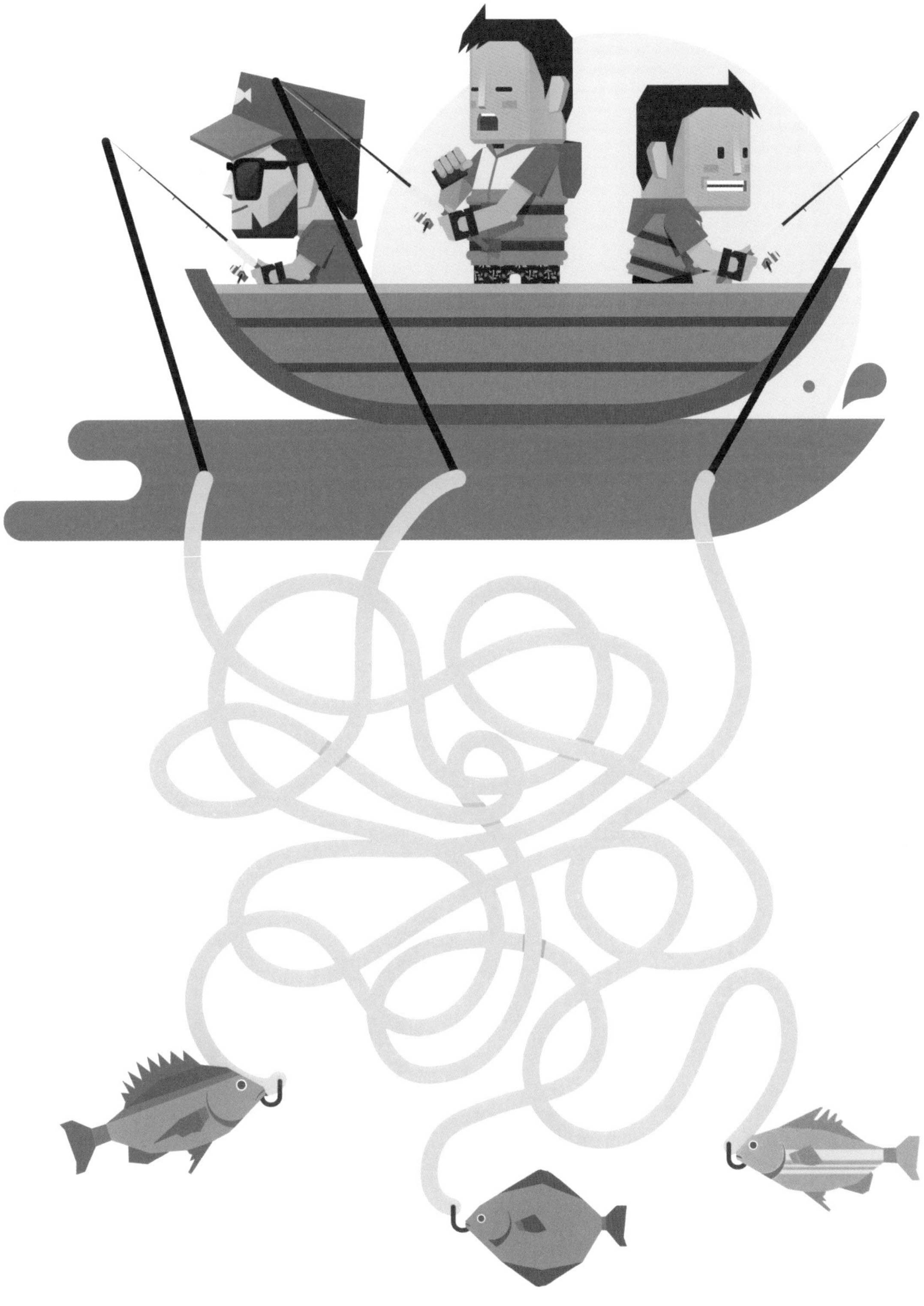

다른 성격의 그림 찾기

★★☆ 판단력

1. 왼쪽의 그림과 성격이 다른 물건이나 동물을 찾아 오른쪽 그림에서 ◯표해주세요.
2. 그림을 보고 이름을 순서대로 이야기해보세요.

시간 기억하기

★★☆ 기억력

오늘 식사 시간을 생각해서 시간을 시계에 그려보고 메뉴를 적어보세요.
(어제의 식사시간과 메뉴를 적어도 됩니다.)

	시계 그리기	먹은 메뉴를 기억나는대로 적어보세요.
아침		
점심		
저녁		

완성된 그림 찾기

★★☆
시공간력

잘라진 그림을 맞추면 어떤 그림이 될까요? 완성되는 것은 어느 그림인지 찾아서 번호에 ◯표해보세요.

신발 짝 찾기

★★☆

판단력

위의 신발과 아래 신발들을 합쳐서 한 켤레가 되도록 하려면 몇 번 신발을 골라야 할까요? 찾아 ○표해보세요

①

②

③

④

과일 찾기

★★☆
집중력

아래 그림을 보고 질문에 답해보세요.

과일은 모두 몇 개인가요?	
나무에서 열리는 과일만 찾아서 종류를 적어보세요.	
씨를 빼고 먹어야하는 과일은 모두 몇 개 있나요?	

몇 명 있었을까요?

★★☆
판단력

손님들이 잔치에 다녀갔어요.
모두 돌아가고 난 후 남은 테이블을 보고 몇 명의 손님이 왔었는지 맞혀보세요.

명

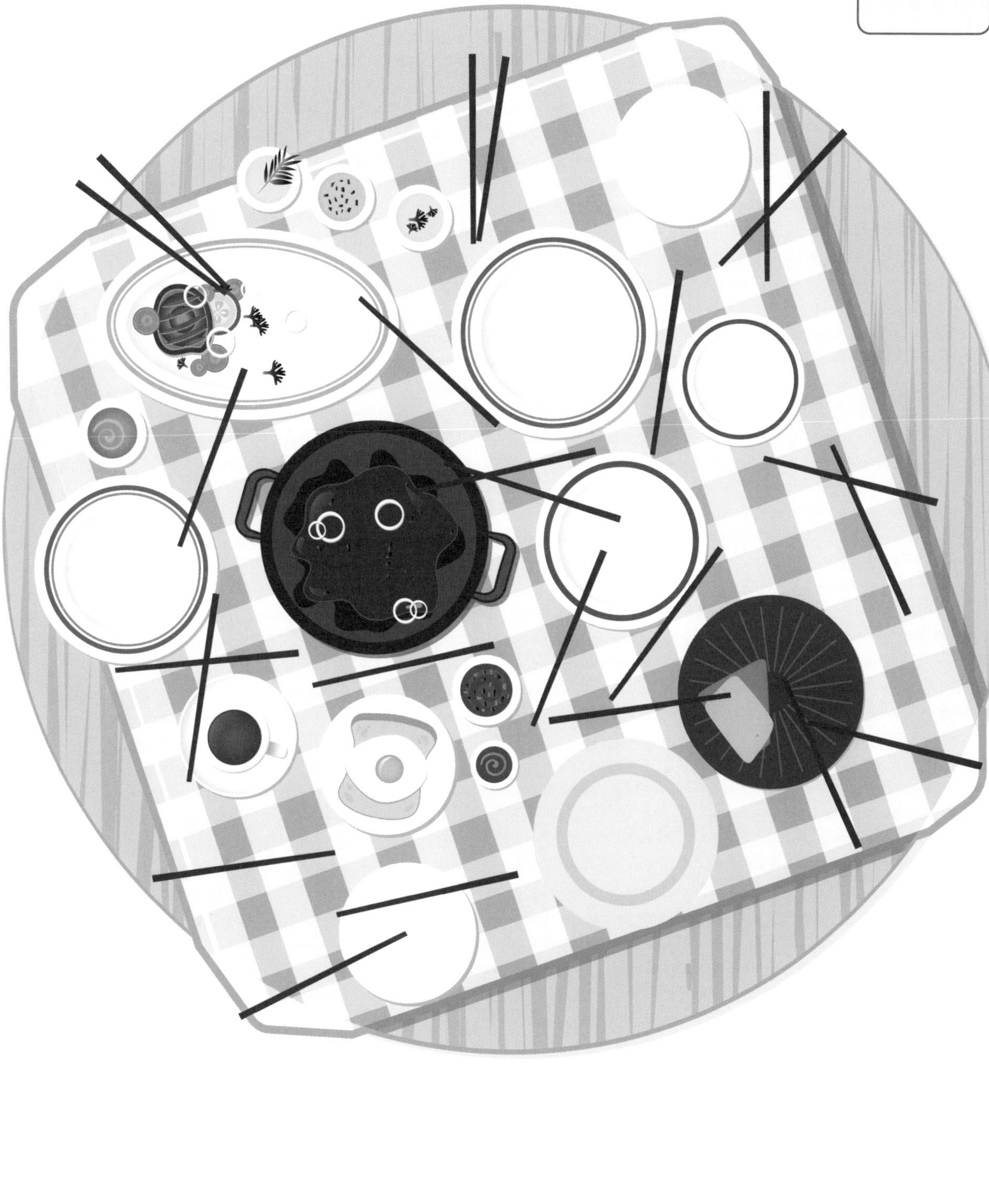

같은 모양으로 색칠하기

★★☆ 시공간력

왼쪽과 같은 그림이 되도록 오른쪽 네모칸에 색을 칠해주세요.

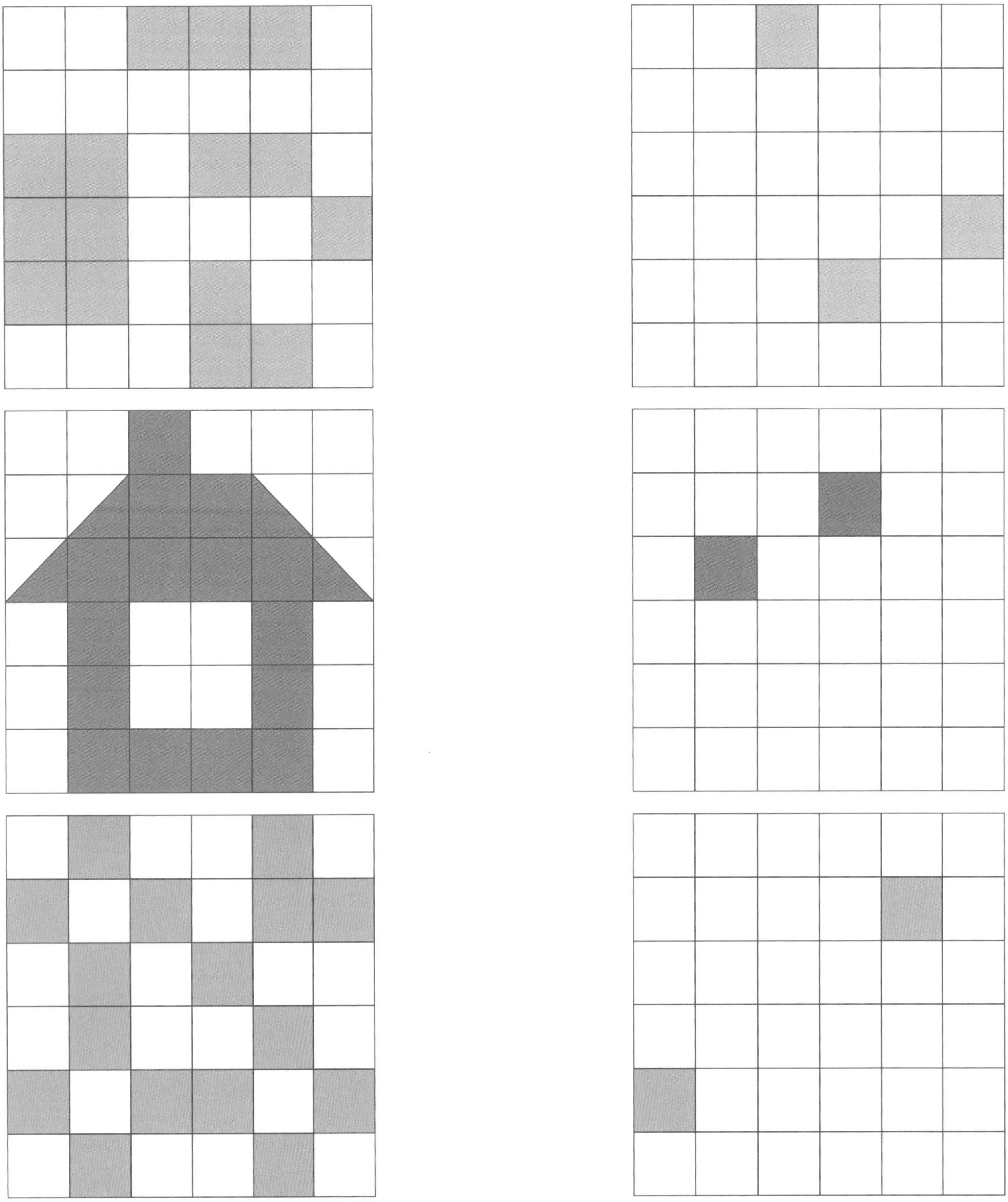

강아지 찾기

★★☆

판단력

손주가 강아지를 찾고 있습니다. 손주 얘기를 잘 듣고 강아지를 찾아주세요.

같은 모양 찾기

★★☆ 시공간력

왼쪽 그림과 같은 그림을 오른쪽 네모 안에서 찾아 ○표해주세요.

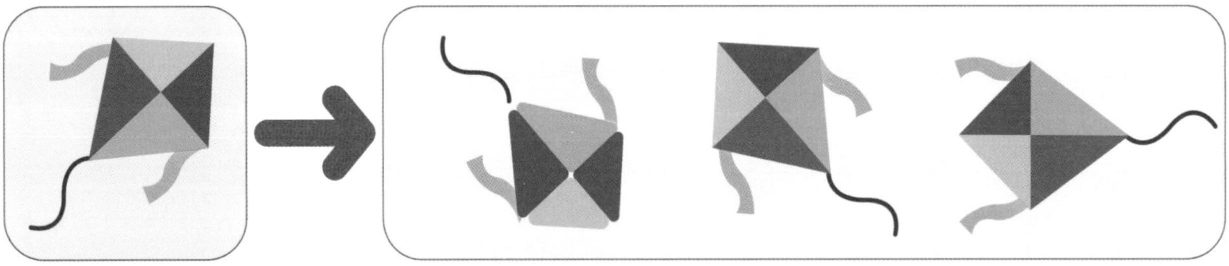

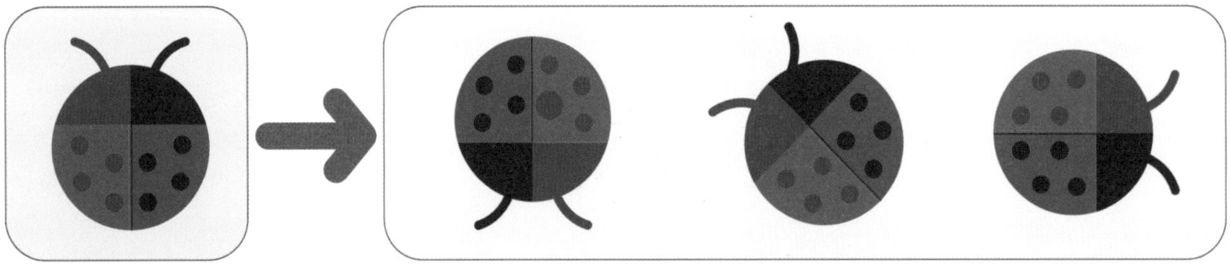

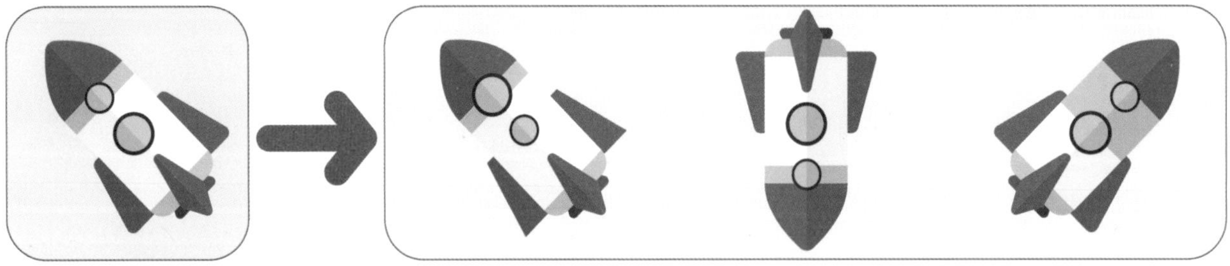

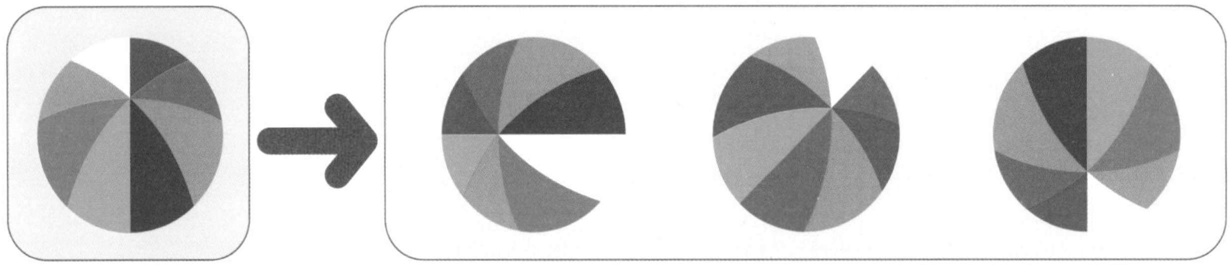

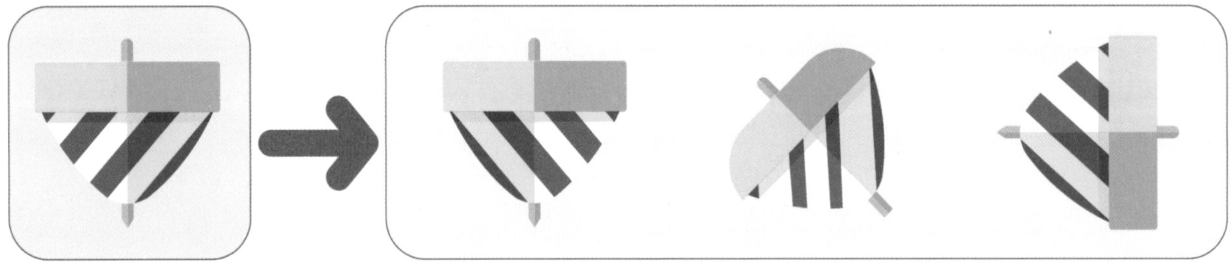

실버인지놀이

고급

★★★

사계절 따라가기

★★★ 판단력

1. 그림을 보고 봄, 여름, 가을, 겨울, 봄, 여름, 가을, 겨울 순으로 선을 이어 목적지까지 가주세요.(같은 장소로 돌아올 수는 없습니다.)

출발 ↓

도착 ↓

2. 각 그림의 이름을 순서대로 말해보세요.

개수가 다른 장갑 찾기

★★★ 집중력

1. 개수가 다른 것은 어느 장갑인지 찾아보세요.
2. 정답 장갑을 왼쪽 아래 네모칸 안에 그려보세요.

1. 2. 3. 4. 5.

개	개	개	개	개

틀린 그림 찾기

★★★ 집중력

1. 위의 그림과 아래의 그림 중 틀린 부분을 5군데 찾아 아래 그림에 ◯표해주세요.
2. 그림과 관련된 추억을 떠올려보고 이야기해보세요.

감정단어

★★★ 언어능력, 판단력

아래 얼굴 표정 그림에 어울리는 단어를 네모안의 단어에서 찾아 적어주세요.

기쁘다	놀라다	행복하다	우울하다	안심이다	심술나다
흐뭇하다	울적하다	서럽다	뿌듯하다	서운하다	분하다
만족하다	그립다	당황하다	슬프다	아깝다	편안하다
심란하다	두렵다	멍하다	즐겁다	안타깝다	따뜻하다

전통놀이 이름 크로스퍼즐

★★★ 언어능력, 기억력

1. 전통놀이에 관한 설명을 읽고 (듣고) 퍼즐을 맞추어보세요.
2. 가장 좋아했던 놀이는 어떤 놀이인지, 왜 좋아했는지 이야기를 나누어보세요.

				②			
		①				③	
	(1)						
(2)				(3)			
			④				
					⑤		
(4)					(5)		
		(6)					

가로 문제

(1) 엽전이나 그와 비슷한 것을 헝겊에 싼 다음 나머지 부분을 먼지떨이처럼 여러 갈래로 늘여 발로 차고 노는 장난감을 만들어 발로 받아 땅에 떨어뜨리지 않고 많이 차는 사람이 이기는 놀이

(2) 윷판 위에 네 개의 말을 움직여 모든 말이 먼저 최종점을 통과하는 편이 이기는 놀이

(3) 짤막한 나무토막을 긴 막대기로 쳐서 날아간 거리를 재어 승부를 정하는 놀이

(4) 그네 위에 올라타 두 손으로 두 줄을 각각 잡고 몸을 날려 앞뒤로 왔다 갔다 하는 놀이

(5) 두 사람이 기다란 줄의 양쪽 끝을 한쪽씩 잡고 커다란 원을 그리면서 돌리고 나머지 사람들은 그 속으로 차례대로 들어가서 뛰어넘는 놀이

(6) 두 사람이 일정한 거리에서 병 속에 화살을 던져 승부를 가리는 놀이

세로 문제

① 밤톨만 한 돌 다섯 개를 땅바닥에 놓고 땅에 떨어지지 않게 하나씩 번갈아 가며 공중에 올리며 받는 놀이

② 유리나 사기 따위로 둥글게 만든 물건을 가지고 노는 놀이

③ 종이에 댓가지를 가로세로로 붙여 실을 매어 만든 것을 공중에 바람을 이용하여 높이 띄우는 놀이

④ 손바닥만 한 납작한 돌을 세워 놓고 얼마쯤 떨어진 곳에서 돌을 던져 맞히거나 발로 돌을 차서 맞혀 넘어뜨리는 놀이

⑤ 노래에 맞추어 줄을 넘으면서 고무줄이 발에 닿지 않게 겨루는 놀이

대칭 모양 그리기

★★★ 시공간력

왼쪽 그림을 보고 오른쪽에 대칭된 모양을 그려주세요.

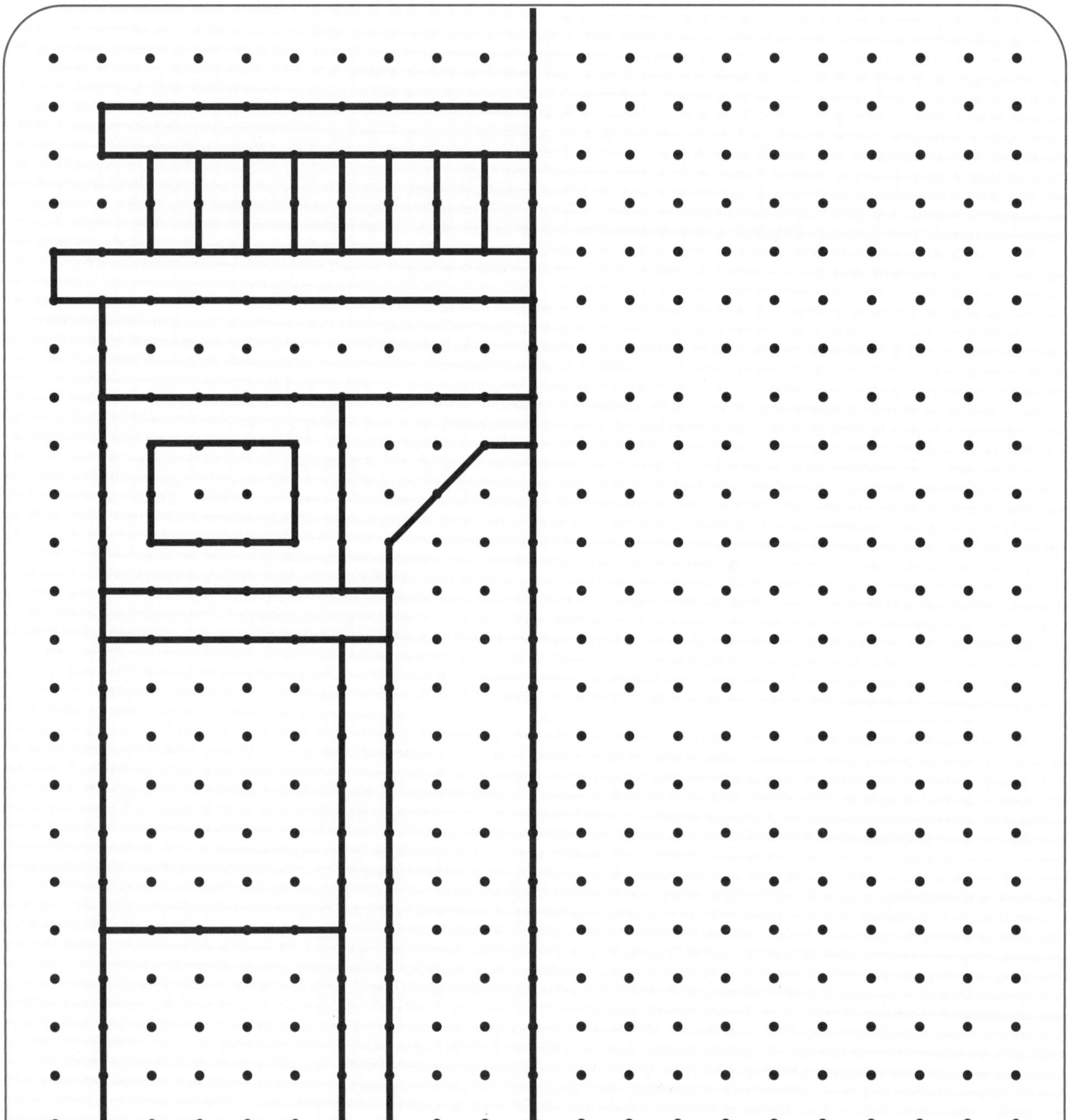

시장보기

★★★ 기억력

저녁으로 된장찌개와 계란말이를 만들어 먹으려고 시장에 갔어요.

1. 된장찌개에서 넣을 재료를 6가지 이상 골라 ○표해보세요.
2. 계란말이에 필요한 재료를 3가지 이상 골라 ○표해보세요.

시장보기

★★★ 기억력

1. 시장에서 산 재료를 모두 기억해서 적어보세요.

2. 각각의 요리에 필요해서 동그라미 친 재료를 각각 써보거나 그려보세요.

된장찌개	계란말이

신발 신기기

★★★ 판단력

애벌레에게 좌우에 같은 색의 신발을 신길 수 있는 것은 어느 신발인지 정답을 적어보세요.

정답

1.

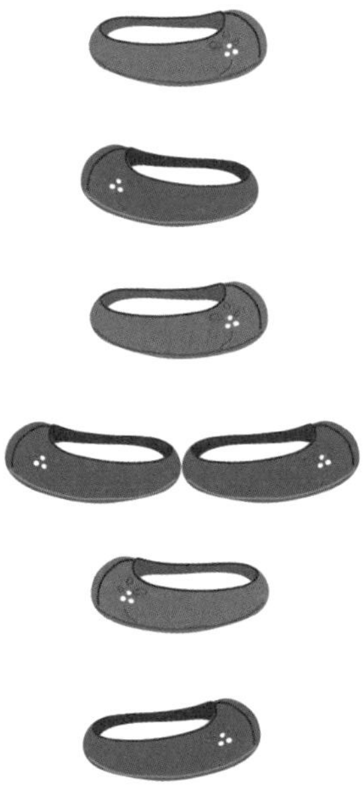

2.

3.

4.

꽃, 곤충 찾기

★★★ 언어능력, 판단력

1. 꽃이 아닌 것에는 △표시 해주세요.
2. 꽃 그림(사진)을 보고 이름을 차례대로 적어(이야기해) 보세요.
3. 이 중 가장 좋아하는 꽃에 동그라미 해주세요.

1. 다음중 곤충이 아닌 것에 △표시 해주세요.
2. 곤충 그림을 보고 이름을 적어(이야기해) 보세요.
3. 가장 잘 가지고 놀았던 곤충에 동그라미 해주세요.

떡 개수 계산하기

★★★ 계산력

접시 색깔에 따라서 놓여 진 떡의 개수가 다릅니다.

1. 각자 몇 개씩 떡을 먹었는지 세어서 합계를 적어보세요.
2. 가장 많은 떡을 먹은 사람을 찾아 얼굴에 ○표해보세요.

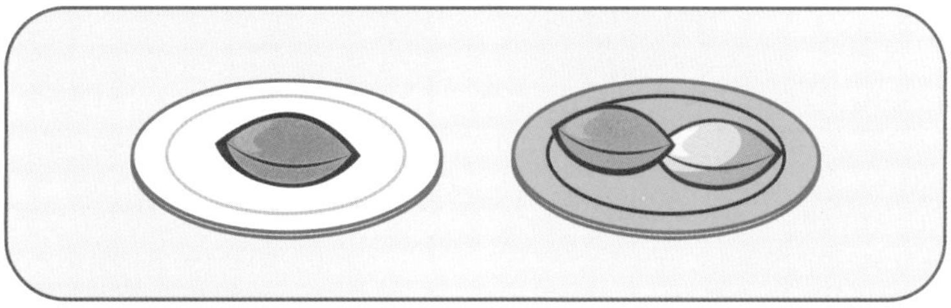

전통 악기 찾기

★★★ 판단력

1. 다음 악기의 이름을 적어보세요.
2. 연주하는 방법이 비슷한 악기끼리 묶어 주세요.

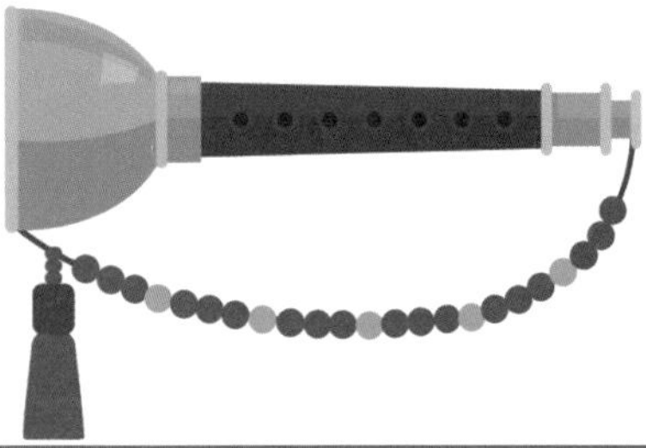

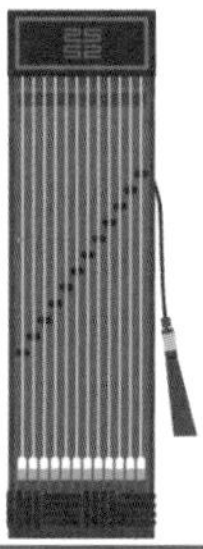

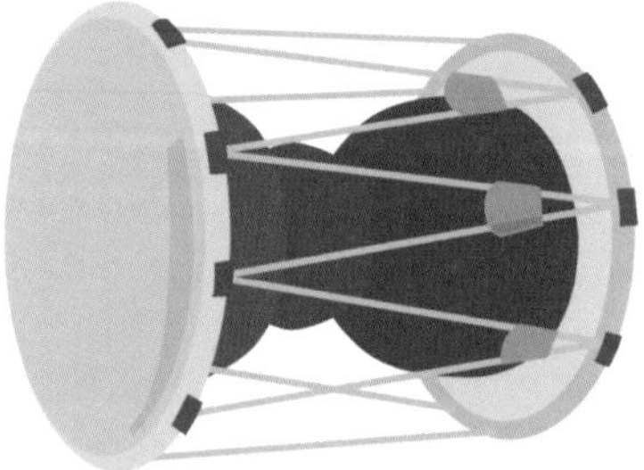

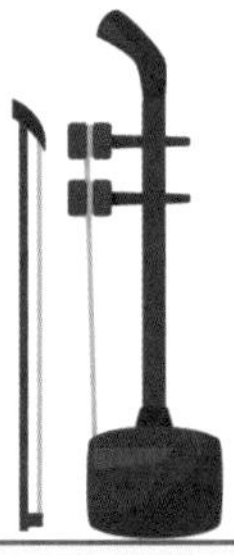

돈 계산하기

★★★ 계산력

손주가 집에 놀러왔어요. 지갑에 있는 돈 중에 손주에게 용돈을 좀 주고 싶은데 시장에 갈 돈 16,000원과 동전은 빼고 주고 싶어요. 손주에게 용돈을 얼마 줄 수 있을까요?

손주에게 줄 수 있는 용돈 금액 : ______ 원

숨은그림찾기

★★★
집중력

다음 그림에서 숨은 그림 7개를 찾아 ○표해주세요.

삼각자, 물고기, 고추, 양말, 숟가락, 와인잔, 솥뚜껑

과일 위치 기억하기

★★★ 기억력

그림을 잘 보고, 어디에 어떤 과일이 있는지 위치를 잘 기억해보세요. (30초)

과일 위치 기억하기

★★★ 기억력

어느 위치에 어떤 과일이 있었는지 그리거나 적어보세요.

동물 찾기

★★★ 판단력

1. 아래 동물 그림을 보고 동물 이름을 차례대로 이야기해 보세요.
2. 알을 낳는 동물을 찾아 모두 ◯표해주세요.

3. 새끼를 낳는 동물은 모두 몇 마리인가요? ______ 마리

4. 알을 낳는 동물은 모두 몇 마리인가요? ______ 마리

워크북
01

치매예방을 위한 뇌훈련

실버인지놀이

오늘의 기억

오늘의 기억

년 월 일 요일 날씨

기상시간			
식사 시간	아침	점심	저녁
오늘 먹은 음식			
만난 사람			
방문한 곳			
오늘 입었던 옷			

사용한 돈	사용한 곳	금 액
기억에 남는 일		

오늘 나의 감정

오늘의 기억

년 월 일 요일 날씨

기상시간			
식사 시간	아침	점심	저녁
오늘 먹은 음식			
만난 사람			
방문한 곳			
오늘 입었던 옷			

사용한 돈	사용한 곳	금 액
기억에 남는 일		

오늘 나의 감정

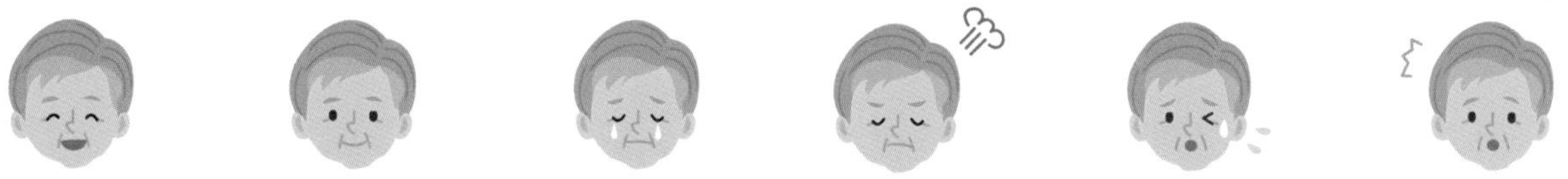

오늘의 기억

년 월 일 요일 날씨

기상시간			
식사 시간	아침	점심	저녁
오늘 먹은 음식			
만난 사람			
방문한 곳			
오늘 입었던 옷			
사용한 돈	사용한 곳	금 액	
기억에 남는 일			
오늘 나의 감정			

오늘의 기억

년 월 일 요일 날씨

기상시간			
식사 시간	아침	점심	저녁
오늘 먹은 음식			
만난 사람			
방문한 곳			
오늘 입었던 옷			
사용한 돈	사용한 곳	금 액	
기억에 남는 일			
오늘 나의 감정			

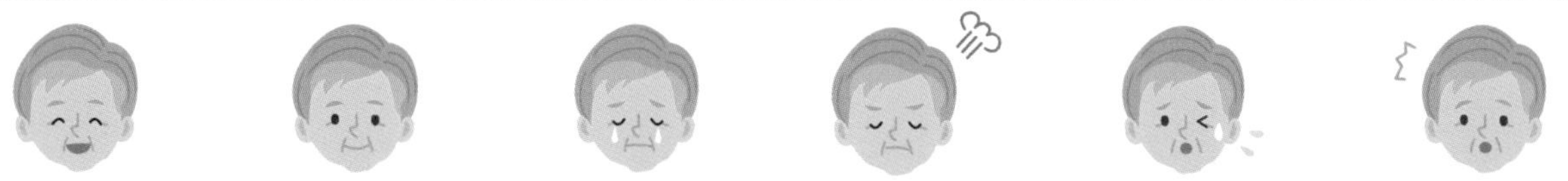

오늘의 기억

년 월 일 요일 날씨

기상시간			
식사 시간	아침	점심	저녁
오늘 먹은 음식			
만난 사람			
방문한 곳			
오늘 입었던 옷			
사용한 돈	사용한 곳	금 액	
기억에 남는 일			
오늘 나의 감정			

정답지

p.8

p.9

p.10

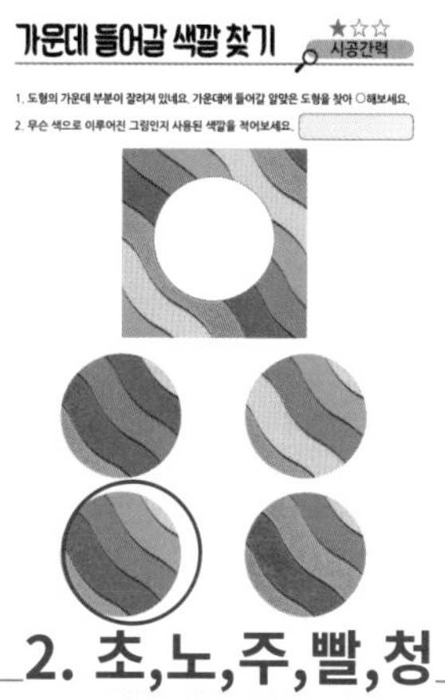

p.11

p.12

p.13

p.14

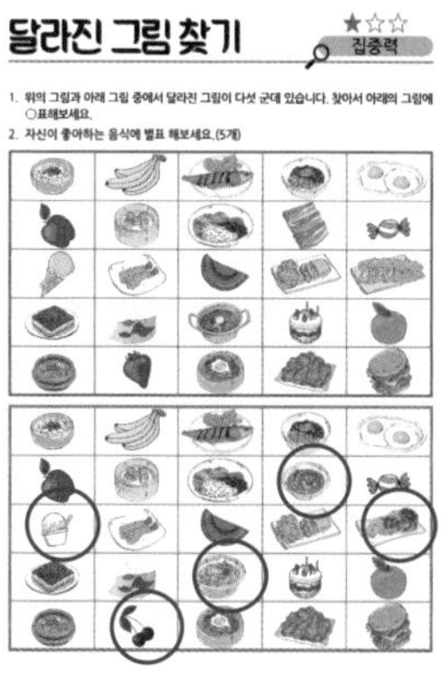

p.15

p.16

p.17

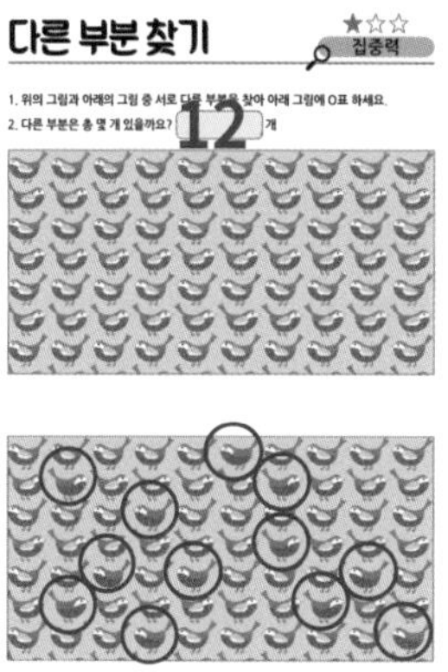

p.18

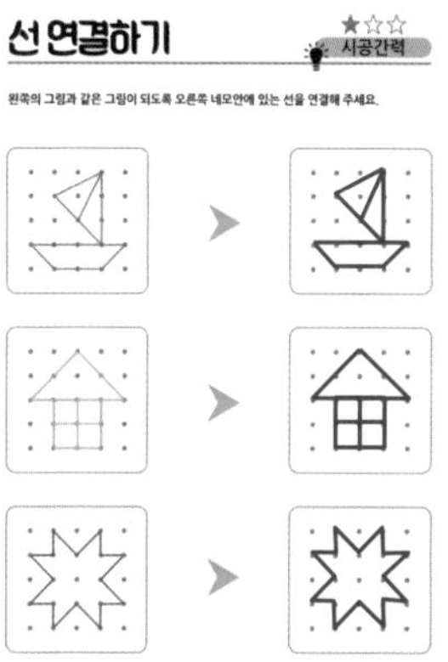

p.19

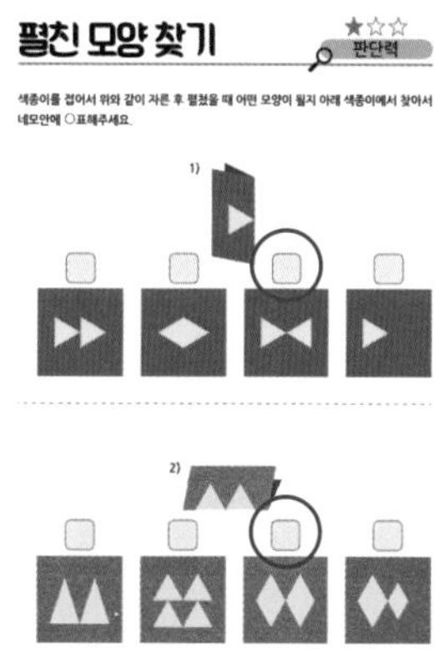

p.20

p.21

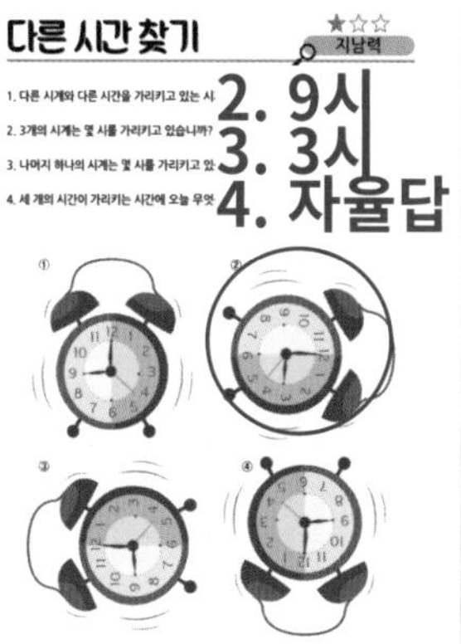

p.22

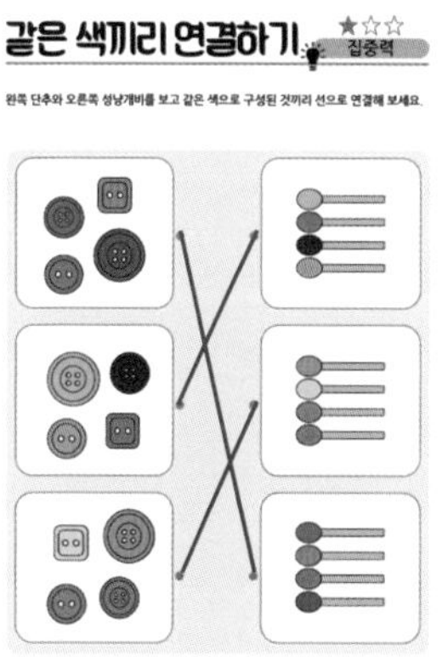

p.23

p.24

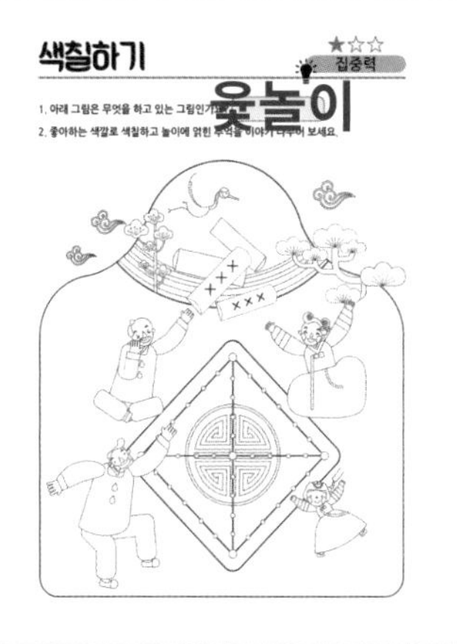

윷놀이

p.26

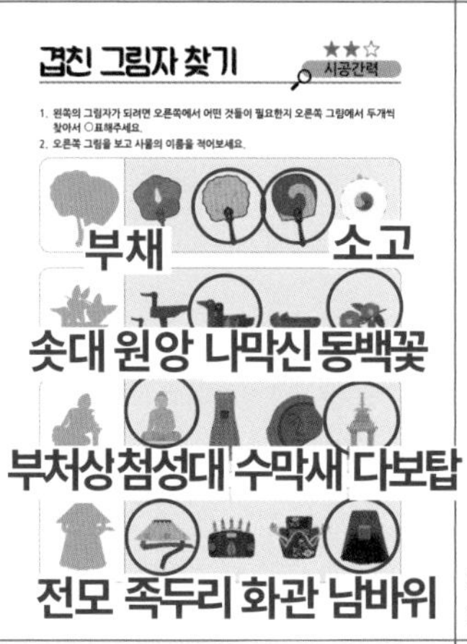

부채 소고
솟대 원앙 나막신 동백꽃
부처상 첨성대 수막새 다보탑
전모 족두리 화관 남바위

p.27

8 또는 7

의자,탁자,국자,상자,잠자리,사자,모자,
숫자-8개(탁자를 책상으로 읽었을 경우 7개)

p.28

p.29

사탕, 우유, 케익,
아이스크림, 떡, 김밥

p.30

p.31

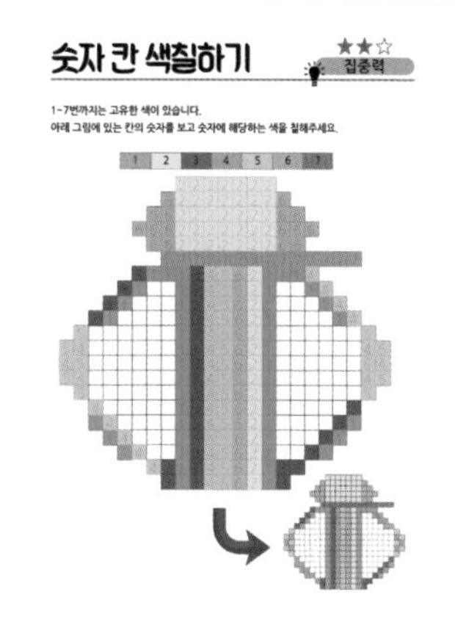

p.32

p.33

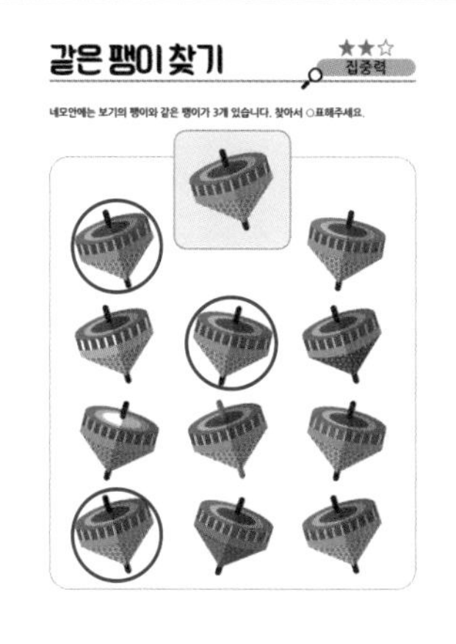

p.34

개(강아지)
60

p.35

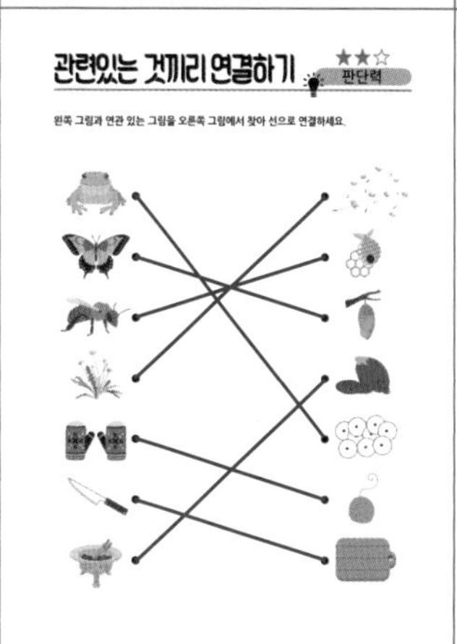

p.36

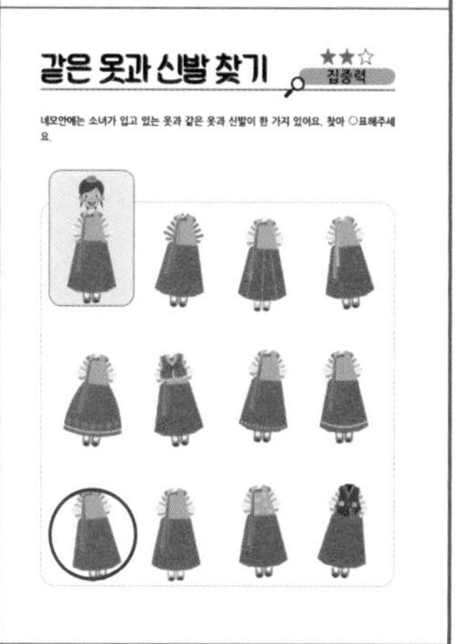

p.37

p.38

자전거 그림 참고

p.39

p.40

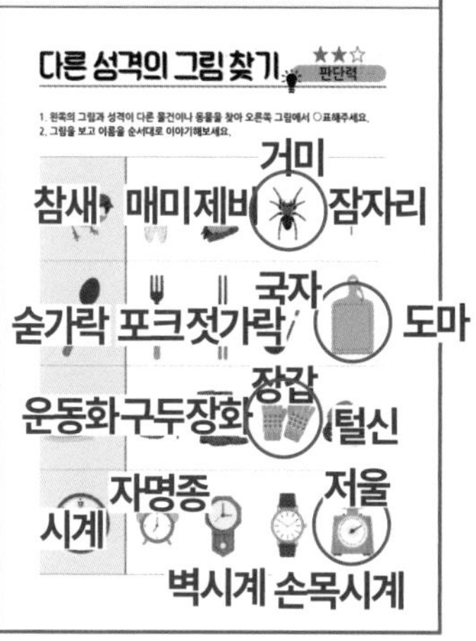

거미
참새 매미 제비 잠자리
국자
숟가락 포크 젓가락 도마
장갑
운동화 구두 장화 털신
자명종 저울
시계
벽시계 손목시계

p.41

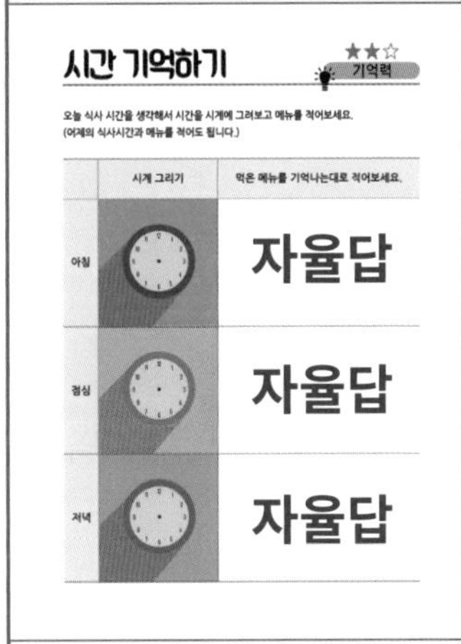

p.42

p.43

p.44

p.45

p.46

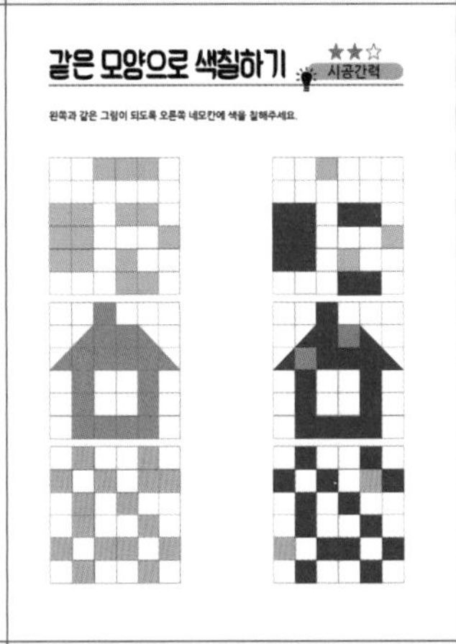

p.47

p.48

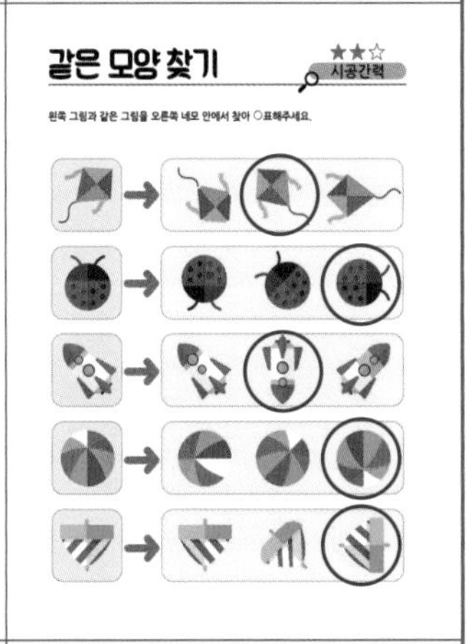

p.50

p.51

p.52

p.53

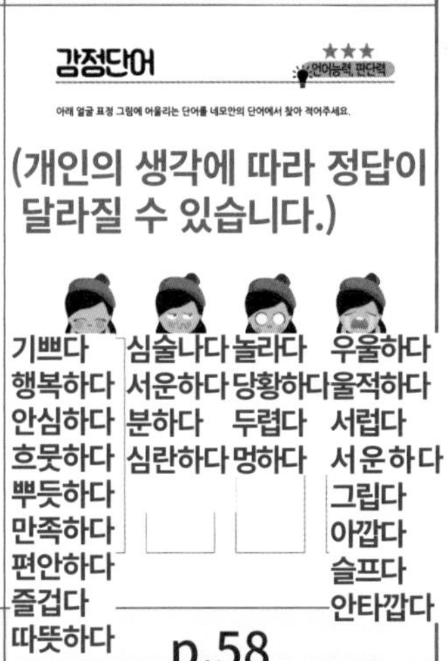

p.54

p.56

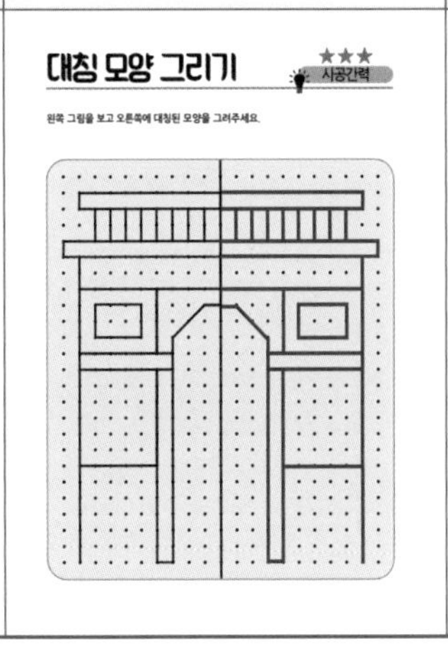

p.57

p.58

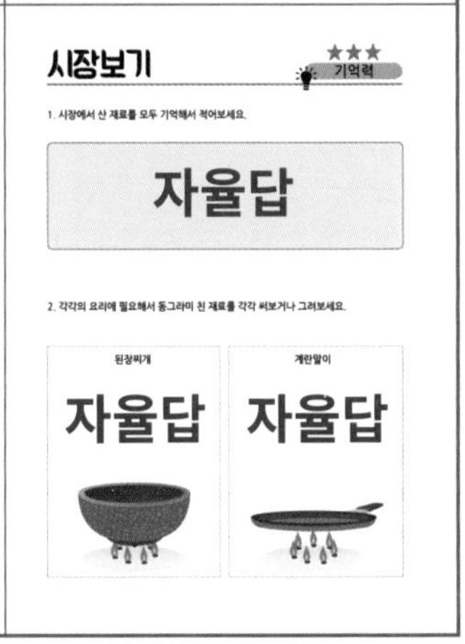

p.59

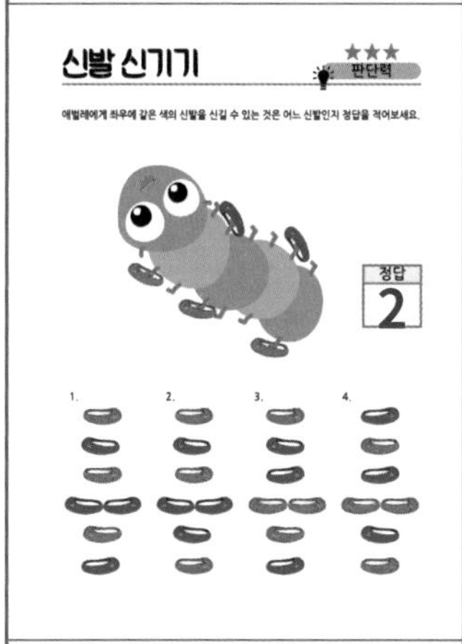

p.60

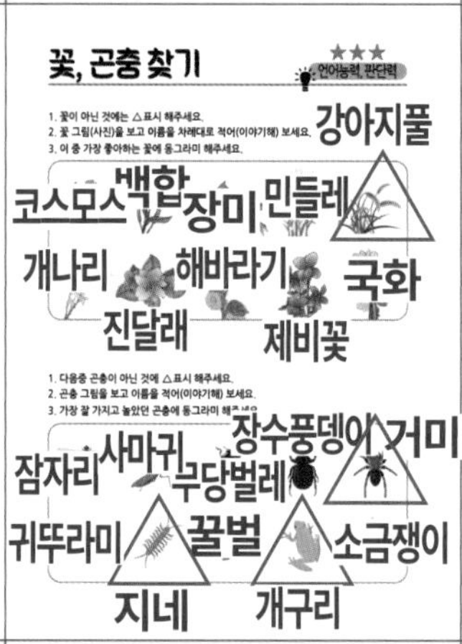

p.61

p.62

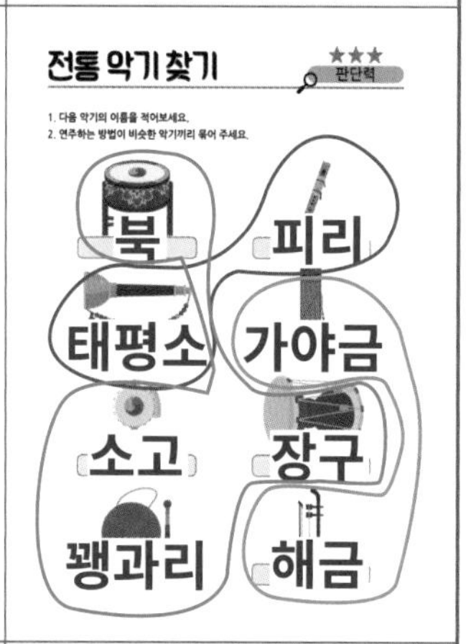

p.63

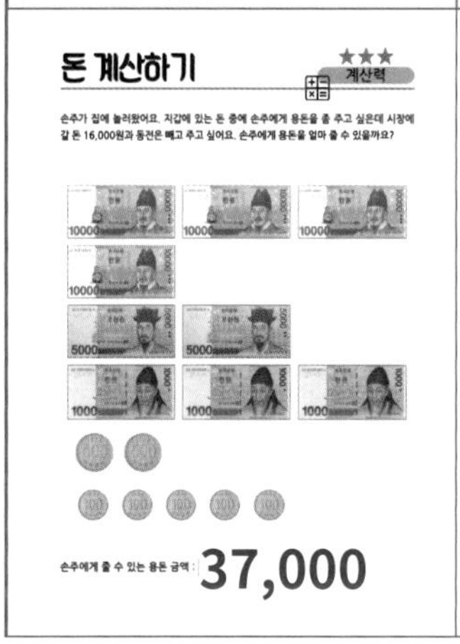

p.64

p.66

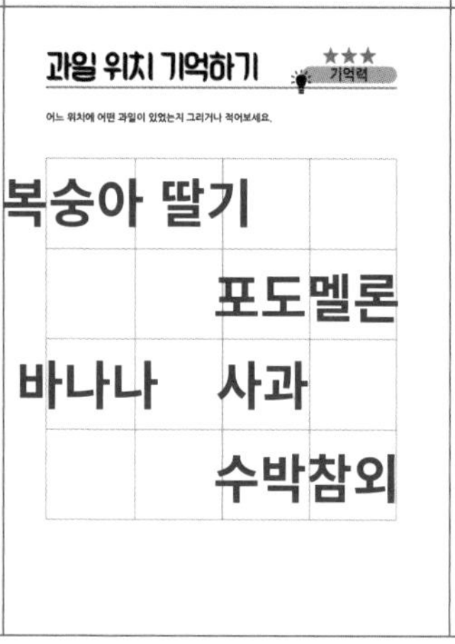

p.67

(주)한국실버교육협회 치매예방 교재 및 교구

실버인지놀이 워크북 01/02/03

추억 색칠하기+인지 워크북

추억의 퀴즈 테마 워크북 1/2

실버인지 속담놀이 워크북

단어상식 & 어휘력 향상 두뇌운동 단어퀴즈 워크북

자녀에게 남기는 인생 기록 부모 자서전

추억회상 스티커 4종 + 나의 인생 스토리북 세트

노인회상 이야기카드

추억놀이 회상카드

전통 퍼즐

마음읽기 감정카드

공감대화를 위한 사진 질문카드

저/자/소/개

윤소영 on-edu@nate.com

건국대학교를 졸업하고, 건국대학교 교육대학원에서 학습•진로컨설팅 및 평가과정을 공부하며 유아에서 노인에 이르는 전 생애에 걸친 다양한 교육의 필요성을 더욱 절감하게 되었다. 현재 (주)한국실버교육협회 대표이사, (주)하자교육연구소 및 하자교육컨설팅 대표, 한국영상대학교 외래교수로 재직하고 있고 장기요양기관 심사위원으로도 활동하였다. 치매예방 및 노인을 위한 교재, 교구를 개발•보급하면서 치매예방 온라인교육 플랫폼 인지넷, 내봄 평생교육원도 함께 운영하고 있다. 주요 저서로는 『치매예방과 관리』『치매예방을 위한 뇌훈련 실버인지놀이 워크북 02권, 03권』『치매예방을 위한 회상활동 추억 색칠하기+인지 워크북』『치매예방을 위한 회상활동 추억 색칠하기+인지 워크북 – 추억놀이편』『치매예방을 위한 회상활동 추억 색칠하기+인지 워크북 – 추억놀이편 플러스』『치매예방을 위한 뇌훈련 실버인지 속담놀이 워크북』『치매예방 두뇌 트레이닝 추억의 퀴즈 테마 워크북 1권, 2권』『노인회상 이야기카드』『마음읽기 감정카드』『추억놀이 회상카드』『실전 전래놀이 운영 프로그램』『재미있고 실용적인 시니어 책놀이 운영 프로그램』『실버 인지미술 운영 프로그램』『자녀에게 남기는 인생 기록 부모 자서전』『공감대화를 위한 사진 질문카드』『단어 상식&어휘력 향상 두뇌운동 단어퀴즈 워크북』 등이 있다.

치매예방을 위한 뇌훈련
실버인지놀이 워크북 01

1판 1쇄 발행 ● 2018년 10월 1일
1판 35쇄 발행 ● 2024년 11월 19일

지 은 이 ● 윤소영
펴 낸 곳 ● **(주)한국실버교육협회**
경기도 성남시 분당구 운중로 122 601호
디 자 인 ● (주)경상매일신문 디자인사업국
구입문의 ● 02-313-0013
홈페이지 ● www.ksea.co.kr
www.injinet.kr
이 메 일 ● ksea7777@daum.net
I S B N ● 979-11-964859-1-7

정가 12,500원

이 도서의 국립중앙도서관 출판예정도서목록(CIP)은 서지정보유통지원시스템 홈페이지(http://seoji.nl.go.kr)와 국가자료종합목록시스템(http://www.nl.go.kr/kolisnet)에서 이용하실 수 있습니다. (CIP제어번호 : CIP2018029986)